特色学校聚焦丛书　丛书主编　杨四耕

# 每一个孩子
# 都是一棵树

孙　骊◎主编

华东师范大学出版社

·上海·

**图书在版编目(CIP)数据**

每一个孩子都是一棵树/孙骊主编.—上海:华东师范
大学出版社,2017
(特色学校聚焦丛书)
ISBN 978-7-5675-6978-2

Ⅰ.①每… Ⅱ.①孙… Ⅲ.①小学-课程建设-研究
Ⅳ.①G622.3

中国版本图书馆 CIP 数据核字(2017)第 249307 号

特色学校聚焦丛书

# 每一个孩子都是一棵树

丛书主编　杨四耕
主　　编　孙　骊
责任编辑　刘　佳
特约审读　朱智慧
责任校对　徐先智
装帧设计　卢晓红

出版发行　华东师范大学出版社
社　　址　上海市中山北路 3663 号　邮编 200062
网　　址　www.ecnupress.com.cn
电　　话　021-60821666　行政传真 021-62572105
客服电话　021-62865537　门市(邮购)电话 021-62869887
地　　址　上海市中山北路 3663 号华东师范大学校内先锋路口
网　　店　http://hdsdcbs.tmall.com

印 刷 者　常熟高专印刷有限公司
开　　本　787×1092　16 开
印　　张　9.5
字　　数　140 千字
版　　次　2018 年 1 月第 1 版
印　　次　2021 年 3 月第 3 次
书　　号　ISBN 978-7-5675-6978-2/G·10653
定　　价　28.00 元

出 版 人　王　焰

(如发现本版图书有印订质量问题,请寄回本社客服中心调换或电话 021-62865537 联系)

# 本书编委会

## 主　编

孙　骊

## 编委会成员

褚红辉　刘志香　黄伟滨　陈昕子　张丽娟
郭　燕　陈　佳　卫　琼　岑朝颖　曹　蓓
唐怡欣　卫育怡　王晶雯　王香红　郭燕红
朱群英　王晓岚　周爱玲　钱慧莉　蔡建梅
瞿婷婷

# 好学校的性格色彩

这些年,我与中小学、幼儿园有许多"亲密接触"。从这些学校中,我发现了一个"秘密":好学校总有自己的性格色彩,总有自己的精神属性。

## 好学校有丰富的颜色

好学校一年四季都有风景。春天,你走进它,有各色花儿,红的像火,粉的像霞,白的像雪。夏天,你置身其中,绿草茵茵,就算骄阳似火,也有阴凉。孩子们可以踢球、打滚,可以任性。秋天,你老远就可以看到,枫叶红了,橘子黄了,婀娜多姿;冬天,你靠近它,香樟绿环绕着你,垂柳枝笼罩着你,你不会觉得单调。当然,环境的价值不在于"装扮",而在于让心灵沉静,让生命多彩。它是生命哲学的演化,是内心深处的讴歌与赞美。法国思想家卢梭说教育的核心是"归于自然"——回归"自然状态",回归人之原始倾向。善良总存在于纯洁的自然之中。好学校总是拥有自然的纯净与原始美,它努力让孩子们与美好相遇。静谧,美好——好学校是温润的。

## 好学校有足够的成色

成色是衡量一所学校教育境界的一个指标,是一所学校的"育人"含金量。如果一所学校的含金量定位为考试成绩,它的成色就是混浊的;如果一所学校的含金量定位为立德树人，它的成色就是清纯的。黎巴嫩诗人纪伯伦说过："我们已经走得太远，以至于忘记了为什么而出发。"教育是为着我们不曾拥有的过去，为着我们不曾经历的当下，为着我们不曾想到的未来。教育之原点在激发想象，而不仅仅是学习知识；教育之原点在发展理性，而不仅仅是讲授道理；教育之原点在鼓励崇高，而不仅仅是理解规范；教育之原点在丰富经历，而不仅仅是掌握技艺；教育之原点在温暖心灵，而不仅仅是强化记忆；教育之原点在强健身心，而不仅仅是发展智能；教育之原点在点亮人生，而不仅仅是预知未来。回归原点，是好学校的立场。不功利——好学校是纯粹的。

## 好学校有优雅的行色

优雅是让人向往的，有来源于生命本身的气质。每一个人都行色匆匆，孩子们被课业压得喘不过气来，教师被成绩比较而形成优劣阵营，这样的学校就不会是一所好学校。什么是好学校？孩子们表情舒展，教师们精神敞亮——每到一所学校，我总喜欢以这样的眼光去观察师生的生命状态。我发现，在好学校，孩子们的脸总是明晃晃的，有美好期待；教师的行色总是从容优雅，有专业自信。女孩子沁人心脾，男孩子风度翩翩，生命在人性层面焕发出动人光彩。一句话，每一个生命都自然而然地生长，这里有一种难以言说的气息在校园里弥漫开来、传播出去。面对此，我只能说：好学校是舒展的。

## 好学校有鲜明的特色

办学特色是一所学校整体呈现出来的系统性特征，集中表现在基于学校文化的课程体系。学校办得好不好，不在于规模有多大，而在于特色是否鲜明，是否有足以体现自己文化的课程架构。好学校行走在有逻辑的课程变革之路上，努力让学校课程富有倾听感，关注学生的学习需求；拥有逻辑感，建构严密的而非拼盘的课程体系；嵌入统整感，更多地以整合的方式实施而非简单地做加减法；饱含见识感，以丰富学生的学习经历为取向；提升质地感，课程建设触及课堂教学变革，课堂教学呈现出新的文化样态。一句话,好学校课程目标凸显内在生长,课程内容突出学习需求,课程结构强调系统思维,课程实施张扬生命活性,课程评价与管理彰显主体向度。好学校关注学习方式的多变性和场景性、学习时间的灵活性和可支配性、学习空间的多元性与舒适性、学习资源的丰富性和易得性,让所有的时空都成为课程场景,让孩子们学习作品的形成、展示、发布、分享成为校园里最美的景观,让时空展现出生命成长的气息和灵动。是啊,好学校有生命里最美好的记忆。

## 好学校有厚重的底色

厚重的底色不在于办学时间长短,而在于拥有强烈的文化自信。进入学校,我喜欢看墙上的"文字"。多年经验告诉我,文化不在墙上,很多时候,墙上的文字越多,学校的文化含量越低。道理很简单,大量文字堆放在墙上,说明这种文化还没有被老师们普遍认同,更谈不上内化于心、外化于行;说明这种文化还缺乏影响力,还没有被大众广泛接受,需要宣示和传播。一所学校是否拥有自己的教育哲学,是否拥有自己的教育信仰,是它"底色"如何的重要侧面。毫无疑问,好学校应该有自己的教育信仰。但是,教育信仰不是文字游戏,不是专家赐予的东西。信仰是从内心深处生长出来的,是从脚底下走出来的,是从指尖流淌出来的,是慢慢地生长、慢慢地走出来、慢慢地流淌出来的东西。唯有"慢慢地"才能"深深地","深深地"才能"牢牢地",扎下根来,进入我们的灵魂,融入我们的血液,成为我们生命的构成,成为我们前行的力量。文化总是无言或少言,但让人作出判断和选择。好学校,你一走进去,一种向往感、追慕感、浸润感便油然而生。因此,好学校是柔软而有力的。

美国思想家梭罗在《种子的信仰》一书中把好学校比喻为"一方池塘",每一个孩子在其中如鱼得水,自由自在,这就是"回归自然"的状态。不是吗?好学校总是这样的——温润,纯粹,舒展,美好,柔软而有力——这也是本套丛书聚焦的一批学校的性格色彩。

杨四耕

2017 年 11 月 11 日于上海市教育科学研究院

# 目 录

1    **第一章    一棵树,两百年**

一棵参天大树,源于一颗小小种子。两个世纪前,这颗孕育着"文游"精神的种子,在"贤文化"的滋养中破土。她默默地汲取文化之精华,生根发芽。这正是:伟岸的不止是高山,还有思想;悠远的不止是长河,还有文化……

序

# 愿每棵树都能茁壮成长

俗话说"十年树木，百年树人"，用以说明培养一个人才的不易。若把孩子们比作树，也是一样的道理。孩子们从呱呱坠地时的全然不知，到孩提时的懵懵懂懂，再到少年时开始形成自己的价值观、人生观，就像一棵小树在慢慢成长。每一个孩子都是独特的，就像世界上没有相同的一棵树，他们有独特的思维方式、与众不同的特长爱好，教育工作者只有走进儿童的世界，了解他们、理解他们，才会引领他们、激励他们。

"兴趣是最好的老师"，心理学家研究也表明：人们对自己感兴趣的事物总是力求探索它、认识它。兴趣是一个人力求认识并趋向某种事物特有的意向，是个体主观能动性的一种体现。南桥小学的课程建设，在本区内可谓颇有特色。学校的课程分为四类，即树根课程、树干课程、树枝课程和树叶课程。树根课程通过扎实有效的教学，传授基础知识，培养基本能力，培育最坚实根基之慧根。树干课程致以培养学生面对社会的主要能力的课程，培养学生社会适应能力，帮助他们认识多彩社会、体验多味生活。树枝课程就是培养学生全面发展的若干方面的兴趣爱好课程，以此增强学生的身心健康、艺术审美和科学创新素养。树叶课程，为儿童的健康成长提供了张扬的空间，其提倡个性化和个别化教育，满足不同学生的需求，突出学生的个性特长，展示个体核心素养，促进学生终身的持续发展。一棵树的生长需要阳光、空气、水和土壤。学校课程就是为孩子们都成为一棵树提供养料。以德为先、以品为重、以健为基、以智为根、以艺为长的"树"课程，为每个孩子的生长提供多元的营养。

厚厚的书稿，仿佛承载着南桥小学这座百年老校沉甸甸的历史文化。我欣喜地看到，这座百年老校在时代的更迭中，未曾褪色，反而越发光泽。南桥小学是树，是一棵经历风雨，却依旧茁壮成长的大树，随着时间的推移，这棵大树愈发枝繁叶茂。抚今追昔,南桥小学在建校 200 多年的今天,老树焕发新芽,馨香溢满雅致家园,南桥小学,于古朴中透露现代的朝气。它以家乡"贤文化"为主线,围绕"敬、慎、勤"三字校训,构成学校深厚的"醇美"文化底蕴。在孙骊校长的带领下,南桥小学以"敬、慎、勤"为根本,坚持办一所有灵魂的学校,围绕"醇美课堂"开展深入而有意义的探索,为奉贤教育注入新的活力。

细读书稿,我更欣赏南桥小学教师的教育智慧。"教育就是一棵树摇动着另一棵树,一朵云推动着另一朵云,一个灵魂唤醒另一个灵魂",教师们将孩子们比作一棵树,同时也将自己比作一棵树。"小树们"都是思想独立的个体,都是与众不同的。"小树们"的成长有着自然发展的规律,有着自己的天性。"大树们"顺应儿童的天性,遵循儿童成长的规律,通过自己摇动"小树们",用通过自己去激励、唤醒和鼓舞"小树们"。由理念付诸行动,由行动升华到传承,南小人构建了自己独特的育人文化。

在"南小"这片肥沃的土壤上,在"大树"们的陪伴呵护下,每一棵"小树苗"定会在充足的养分中苗壮成长。

上海市奉贤区人大常委会副主任　陆建国

2017 年 11 月

# 学校文化不是虚幻的东西

近十年来,上海市南桥小学在传承"文道统一,德才见长"的文游传统,丰富"敬、慎、勤"校训内涵的基础上,确立了"醇美教育"的文化理念。在实践中注重人的情感和意态的引导,注重文化内涵的充实,把师生行为文化的建设作为文化重塑的重要内容,旨在达到"让每一个孩子都是一棵树"这一目标。

当然,"醇美教育"并不是虚幻的东西,不是口号,不是墙上的标语,它必须实实在在地依附在某一样具体的东西上,需要一个载体才能发挥传承与创新、引领与传播的作用。因此,南桥小学在继承原有历史积淀的过程中不断发展,总结到本书中主要涉及"学校的历史"、"课程愿景与目标"、"学生的发展"以及"教师的专业发展"等几个维度,为学校的特色发展探索出一个新的增长点,凸显南桥小学独有的文化气质,激发"生命"的智慧成长。

## 一、挖掘历史：传承百年文化精髓

南桥小学是一棵参天古树,它创办于1804年,始名文游书院,经1904年的文游学堂,至1914年的奉贤县立第二高等小学,到1928年的南桥小学,虽饱经关学、迁址重建、战火等洗礼,但在一批批为了教育事业奋斗的薪火相传者的努力下,学校始终充满生机,蓬勃地生长着。如提出"敬、慎、学"严谨治学的创始人朱家驹,弘扬文游精神的传承者曹祖愚,数十年如一日的教坛耕耘者高宗达等。

在近二十年的全面推进素质教育的实践进程中,学校始终把握文化根基,不断履行历史文化传播和创新的使命,努力传承"文道统一,德才见长"的文游传统,通过多年的实践形成了五大方面的特色:"四位一体,全员参与"的德育活动模式;"低负高效,分层递进"的课堂教学形式;"个性张扬,多元发展"的艺术教育特色;"纵横贯穿,自主创新"的科技教育理念;"崇尚自然,统整渗透"的环保教育思路,让学生和教师在学校教育教学中获得智慧与道德的同步成长与全面和谐的发展,使学校具备现代学校精神的育人品质。

## 二、洞察本质:与众不同的儿童观

如果我们把儿童视为一棵树,一个生机勃勃的生命存在,他们从大自然中来,携带着天真、质朴、纯净的气息。在大自然中,他们能够自由地探索与嬉戏,他们需要停泊自己美丽的灵魂,没有大自然的浸润,儿童就没有丰满的灵魂与饱满的精神。儿童在与大自然的交流中,在乡野清风与阳光雨露的感性陶冶中,获得的是真、善、美全面和谐的发展,只有这样,这棵树才能茁壮成长。同时儿童的本真性是有其局限性的,儿童是未定型的、不成熟的、过渡性的,这是由儿童人格的未完成性决定的。

可以说,怎样看待儿童,便产生怎样的教育。儿童是教育的对象,不同的儿童观导致教育目的、教育内容、教育手段等诸多方面选择的不同。

南桥小学在充分认知科学儿童观后,认为每个儿童都是"独特的"、"自由的"、"发展的",在教学中要尊重儿童,平等地对待每个学生,根据每个儿童的兴趣爱好、个性特点以及个人的发展需要因材施教,真正实现全面发展的教育目标。

## 三、聚焦目标:不断完善课程体系

南桥小学始终秉持这样一个理念:每一个儿童都是一株小树苗。学校教育教学要遵循自然规律,让他们都能健康蓬勃生长,成为一棵棵参天大树。因此提出让每一位学生成为一棵树的树课程理念,给予"小树苗"生长需要的阳光、空气、水和土壤。

构建的树课程分为,树根课程:包括所有孩子都要学习的基本课程和学校开设的德育活动,旨在为学生打下扎实的基础,培养基本能力,培育最坚实的根基。在此类课程中,我们既培养学生的学科素养,又借助学科特性培养学生的部分核心素养,如身心健康、文化学习、关键能力、表达沟通、创新思维等;树干课程:对一棵树而言,树干就是从下到上的支持,而对孩子们而言,树干课程便是那些让他们从学校到社会的"支撑",为孩子的健康成长提供了支持的力量,也就是培养学生面对社会的主要能力的课程,即安全教育、健康教育、环保教育等专题(实践)教育课程,培养学生的社会适应能力;树枝课程:为孩子的健康成长提供了重要的补充。其自由伸长、千姿百态的树枝就是促进学生全面发展的兴趣爱好方面的课程,即快乐百分百课程和艺趣叁叁零课程,培养学生的身心健康、艺术审美和科学创新素养;树叶课程:为孩子的健康成长提供了张扬个性的空间。其形态各异、颜色纷繁的树叶就是针对每一个(批)特殊孩子的"I-课程",提倡个性化和个别化教育,满足不同学生的需求,突出学生的个性特长,展示个体核心素养,促进学生终身的持续发展。

通过这一树课程,让学生在课程文化的滋养下,不断地吸收文化的精华、知识的营养、智慧的灵气……逐渐成就一棵参天大树,做一个有用之才。


## 四、内在生长:打造醇美教师团队

一棵树如果孤零零地生长于荒郊,即使成活也多半是枯矮畸形;如果生长于森林之中,则枝枝争吃雨露,棵棵竞浴阳光,以致参天耸立、郁郁葱葱,其实教师也是一棵树,与学生相依相伴,共同成长。

因此,南桥小学重视教师的发展,在培养上紧紧依靠团队合作,借助骨干教师的引领,在创造性地执行和落实中展开各项专题教学研究,在课程统整的实施过程中发挥引领培养的作用。学校主要构建:"和馨教师"发展论坛、学研培一体教研、主题式教学研究项目管理、"协作式"教育科研、网络研修平台等;组建特色教师工作室,培育教师团队文化。在探索中组建了四位优秀教师带领下的团队:"问题式对话"工作坊(班主任工作指导);教学研究学术沙龙中心组(教学质效指导);小燕工作室(低段语文青年教师培养);艺术教师工作室(艺术教育指导),实施项目式培训管理,实现最大化培养效能。学校充分利用市见习教师规范化培训基地校,无缝衔接职初教师培训,围绕

"专业思想、德育工作、教学技能、基本技能"四大课程模块,分阶段实施培训,提高教师专业素养。

　　如今,南校小学抓住机遇,响亮地提出了"醇美教育"之理念,这不仅是对以往办学经验的总结,也是在继承与发展中凭借丰厚的文化内涵,在教育改革和实践的道路上披荆斩棘,大胆探索,给学校发展制定一个更高的目标。

上海市奉贤区南桥小学校长　孙骊

2017 年 7 月

# 第一章

# 一棵树，两百年

一棵参天大树，源于一颗小小种子。两个世纪前，这颗孕育着"文游"精神的种子，在"贤文化"的滋养中破土。她默默地汲取文化之精华，生根发芽。

这正是：伟岸的不止是高山，还有思想；悠远的不止是长河，还有文化……

## 第一节　赏文会友：文游的精神胚胎

古龙墙上赏云霞，旧巷深处寻人家，乱花迷眼，我们满面铅华，寻寻觅觅，一粒种子飘落尘土，点染着风光，于古老的故事深处歌唱。

一棵参天大树的成长，源于一棵小小种子的萌芽。两个世纪前，这颗孕育着"文游"精神的种子，在奉贤这片肥沃的土壤中，在贤文化的丰润滋养中落地，积蓄着能量，等待着最终的破土。

循着时间的轨迹回到清朝嘉庆九年，那一年，奉贤这片土地上迎来了一位新的知县，他就是艾荣松。出生于四川内江的艾荣松初来乍到，发现奉贤没有书院，感到惋惜之际，他也决定，上任后的第一件事就是要为奉贤创办一间书院！于是，艾荣松就在心里谋划起了建书院这件事。当内心的想法渐渐成形时，他得知了松江府也正筹划着建书院这件事。兴奋的艾荣松便主动请缨，揽下了创办书院的一切事宜，在他的心里，有一片美好的蓝图正等着他去绘制并使之成为现实。

创办一座书院并不是一件简单的事，艾荣松虽为官经验丰富，可是要创办一所书院，他还是感到了摆在面前的压力，一是经验不足，二是经费短缺，压在艾荣松心头的两座大山使他迟迟不敢动手。为了解决燃眉之急，艾荣松想尽一切办法。

那时，奉贤有许多乡间士绅，他们掌握着大笔的财富，可以借助这些乡绅来创办书院啊！艾荣松心中一下子燃起了希望。接下来的日子，艾荣松四处奔波，叩开了这些士绅的大门，虽然碰了不少壁，但还是获得了不少的资金支持。期间，艾荣松又找到了陈廷庆。陈廷庆曾是清朝翰林院庶吉士，在湖南辰州担任知府时创办过虎豀书院，在奉贤是一位赫赫有名的能人，深受当地人民的景仰。第一次拜访，陈廷庆就对艾荣松的计划颇为欣赏，两人相谈甚欢，当即拍案决定在建书院这件事情上要出一份力。于是,两人商议后决定借鉴虎谿书院的经验在奉贤创办一间书院,定名"文游书院","文游"一词取自"群贤毕至,赏文会友"。陈廷庆的兄长陈廷溥听闻此事后也慷慨解囊,捐出了几亩义田,并且四处奔走为书院筹集钱款。陈廷畴也为文游书院捐出了百亩田地,解决了艾荣松的燃眉之急。众人拾柴火焰高,在多方的努力之下,书院终于建成了,莘莘学子有了识字学文的地方,奉贤也多了一方充满灵气的土地。随着时间的推移,书院的教学也逐渐步入正轨。

八年后,艾荣松离任,新任知县徐芳瑞为追征漕款,将文游书院停课售田。自此,文游书院垮了下来。直到1826年(道光六年),新任知县叶申蔼到任后,看到破败萧条的文游书院,对文游书院受到的摧残深感痛心,他决定要重振文游书院。经过深思熟虑,叶知县想出了"邀董分年轮管"的办法重新把文游书院办了起来。文游书院算是在这一次的劫难当中挺了过来。此后,1861年(咸丰十一年冬)太平军攻陷南桥,文游书院又一次陷入了困境:校舍被战火毁坏近半,生源数量也大打折扣。兵荒马乱的年代,文游书院因为炮火的摧残,时局的动荡,又一次关学了。

可庆幸的是,到了第二年,随着新一任知县韩佩金的上任,文游书院又一次焕发了新的生命光彩。韩知县痛心于书院的没落,不忍看到书院在战火中一蹶不振,于是他一上任就立即组织农民修复残破的校舍,发动乡绅捐书捐田,同时也邀请了一批知识渊博的先生担任教师。在韩佩金等人的不懈努力之下,文游书院走出了阴霾,教学再一次步上正轨。看着起死回生的文游书院,韩知县深感自己肩上的责任之重,他要为奉贤和奉贤的人民守护这座书院。在他的心中早已为文游书院物色了一位合适的山长(即院长)——朱家驹。经过多次辗转,朱家驹欣然答应了韩佩金的请求,成为了肇文、文游两书院的山长。

## 第二节　敬、慎、勤：不变的精神瑰宝

或许是一盏清亮的灯，或许是竹杖芒鞋醉清风，或许是宝马雕车载起凌云的心情，红尘猎猎，岁月无边，要打点起所有美景装饰这段年华，可以水波涟漪，可以大风回旋，只为快乐地走在希望的面前，快乐地站在下一个季节前，左手花枝，右手月圆。

伟岸的不止是高山，还有思想；悠远的不止是长河，还有文化。土壤的滋养，小小的种子不断地吸收文化的精华，知识的营养，智慧的灵气，厚积薄发，生根发芽。

文游书院改制后的文游学堂成了南桥小学最早的雏形，而使得文游学堂经历百年岁月洗礼依然充满活力的，是朱家驹赋予学堂的文游精神。

在风雨飘摇中，文游书院饱经摧残，却在一次次的危难中化险为夷，靠的是乡民的慷慨和热忱，也是一任又一任知县的执着和坚守。文游书院，是多少乡民"见贤思齐"的渴望，也满载着奉贤这一片土地的未来。感慨于书院一波三折的经历，感动于乡民的无私和坚持，此时的朱家驹心潮澎湃。作为书院的山长，朱家驹先生有感而发，提笔写下"敬、慎、勤"三个字。生者，敬贤、慎行、勤学。这是他对文游书院的期待，也是书院培育人才必须遵守的准则。

随着鸦片战争的爆发，西方先进的思想和文化以及科学技术也开始传入中国，越来越多的人开始意识到中国需要改变，固有的书院教育模式也要改变。世界潮流浩浩荡荡，一旦跟不上最终都会走向消亡。于是，在1904年，文游书院改名文游学堂。

这就是后来的南桥小学。而"敬、慎、勤"这三个字也作为文游书院的精神文化核心代代相传,成为历代文游学子的精神信仰。

**[人物简介]**

朱家驹(1857—1942),字昂若,奉贤泰日桥人,文游学堂第一任校长,清代光绪年间以乡试第十四名中举,富有学识又公正清廉。在协助刘式通主持江南乡试期间,细致地遍阅考生考卷,每一份考卷都附上批注点评,使得儒林大家啧啧赞赏与钦佩,足见其学识渊博。在担任文游书院山长期间,他坚持给学生们授课,一点一滴,悉心栽培着书院的学子。他不仅教导学生,也在生活上关心学生,常常把自己任讲席所得的酬金补贴给出身清贫的学生,在书院同仁中博得了异口同声的称赞,更受到学生们的尊敬和爱戴。

在朱家驹任职期间,他改书院为学堂,教学内容和制度更趋近于现代的学堂制度。同时也尽力发展教育,奉贤地大物博,可仅仅有几所学校,难以满足当时的需求,于是他又在奉贤的各个乡镇开办四十余所学堂,广收适龄儿童入校学习,为救国图强积蓄力量。

当时朱家驹还担任了劝学所的所长,负责奉贤地区的各类教育事项。衰败的清廷逐渐走向灭亡,劝学所内的各项工作也千头万绪。时任所长的朱家驹不遗余力地清理积弊,一层层疏通了所内的办公环节,重新拟定规章,一改劝学所风气,使得劝学所年增收入数千元。这些收入被如数用于弥补四十余所学堂经费的不足。朱家驹也常常拿出自己的薪资来补贴学校经费。为了文游学堂以及分散各地的学堂能正常地办学,朱家驹不遗余力地付出。

1911年辛亥革命爆发后,文游学堂又进行了改制。随着新思想的不断涌入,送孩子入学的风气蔓延开来,文游学堂的规模不断扩大,直到1914年(民国3年),文游学堂在原址上建立了奉贤县第二高等小学(男校,即奉贤老人熟知的"二高"),到1920年又创办了县立第一女子高级小学(简称"一女校"),为女童创造了入学机会。八年后,奉贤县第二高等小学正式更名为了南桥小学。时任县教育局局长王鸿文牵头在南桥女校西侧建起有十二间教室的两层楼房一幢作为南桥小学的新校舍,也将南桥小学附近的几间学校(南桥小学、求吾初级小学、养正初级小学)一同并入南桥女校,合称南桥小学。自此,南桥小学有了如今的样貌。

而在朱家驹掌管文游学堂和后来的奉贤"二高"(今南桥小学)期间,他治学甚严。他为学校题写的"敬、慎、勤"的校训也是他一贯的为官治学准则,"敬贤、慎行、勤学"为文游文化奠定了良好的基础,成为南桥小学一笔厚重的历史文化财富,为南桥小学这棵树苗提供了发展壮大的土壤。

## 第三节　家国大爱：行走如歌的舒张

前路茫茫，阳光直照心上，梦想自由自在地生长，在智慧的田野，风吹果实无边地轻响，画轴舒卷着千百个春秋，风过无痕，飞鸟遗音。南小一路披荆斩棘，历经风雨斑驳成锯，劫中逆，多次易名，校舍变迁，树苗舒张，成栋梁。

当时的社会时局动荡，可南小却在风雨飘摇之中，在黑暗的时代凭着看似微弱的精神力量，在一次次的革命中燃起了星星之火。

1925年5月30日，上海爆发了震惊中外的"五卅"运动。在这场革命运动中，"二高"、"一女校"等学校通过奉贤小学教师联合会向北京段祺瑞临时执政府发去电文，提出正义要求："英捕枪杀学生，惨无人道，牵动罢市罢工，民众异常激愤，务恳严行交涉，一致援助，以维国体，而慰舆情，不胜迫切待命之至。"随后，南桥也爆发了民众游行，"二高"、"一女校"、求吾、养正等校的师生及各界人士三千多人，一个个手执旗帜，齐集于公共体育场。游行队伍浩浩荡荡，一路高呼"赈救工人"、"力争公理"、"废除不平等条约"、"坚持到底，一致前行"等口号，并高唱《国际歌》，慷慨激昂，声势浩大。为了援助罢工工人，"二高"、"一女校"学生还积极向社会募捐。《申报》等报刊也不断公布学校的捐款情况，还在报上表扬参与募捐的学生。在这场由中国共产党领导的群众性的反帝爱国运动中，南桥小学的前身"二高"、"一女校"作出了积极的贡献。

1937年，日本侵略的第一声炮火打响。抗日战争爆发后不久，侵略者的足迹就到了奉贤南桥。他们侵占南桥小学校舍作为据点，驱散学生，学校不得不再一次停课。南桥小学的校舍被日军占领，学校成为军营，教室则变成日军的马厩。之后，汪伪政府又将南桥小学移至南桥天主堂耀蝉小学内，并改名为"南桥模范小学"。在战火纷飞中，南桥小学校址变迁，却依然教书育人，发挥光热。虽身处困境，南小师生面临日寇的践踏,却发出了"读书救国"、"不做亡国奴"的呐喊,师生们的爱国情绪十分高涨。

有一位汪素心老师,虽身在沦陷区,但决不当顺民,不为日本人做事。当时她看到沿街还有许多孩子没有书读,便不顾危险,在家里辟出房间开起私塾,招收附近失学的孩子。有位音乐教师,冒着极大的危险,教学生们高唱《松花江上》、《毕业歌》等救亡歌曲……

八年后,艰苦的抗战最终在全国人民团结奋斗中结束。蜗居南桥一角的南桥小学称名南桥镇中心国民学校,但因经历炮火的校舍毁坏严重,南桥小学仍暂借耀蝉小学校舍上课。当时,地方的许多热心人士感念南桥小学的悠久历史以及为抗战做出的贡献,纷纷为南桥小学出资修缮校舍。得知南桥小学需要修缮校舍,民众们纷纷响应,周边的乡民也积极地参与到校舍修缮当中。在各位乡民的努力和政府的支持之下,校舍修建工作进展得异常顺利和快速。次年2月,南桥小学终于搬入了修缮一新的校舍当中,并在北街佛阁设立分校。

在南桥小学两百多年的办学岁月中,在传承文游精神的神圣事业中,曹祖恕是位举足轻重的人物。历史铭记着他在南桥小学不可磨灭的功绩。在他的培育照料下,这棵树扩枝散叶,苗壮成长。

[**人物简介**]

曹祖恕(1915—1994),字瑞棣,上海奉贤金汇桥人。父亲曹晋梅先生也曾是南桥小学的老校长。在他年幼的时候,就立下了志向要继承父志,当一名乡村教师。

他清瘦矮小,却用他瘦弱的肩膀挑起了南桥小学,用充沛的精力浇灌着南小的学子,事无巨细地打理着南小的一切。他目光炯炯,闪烁着睿智与才能;他笑容和蔼,洋溢着对学校深切的爱,在南桥小学的校史上留下了浓墨重彩的篇章。

1931年,年仅十七岁的曹祖恕,就以优异的成绩成为奉贤县乡村师范的首届毕业生。从乡村师范毕业之后,他便义无反顾地投身于奉贤的教育事业,开始走上了教育岗位。

曹祖恕年轻时对教育工作就十分投入,从1931年7月参加教育工作时起,他就积极工作,认真教学。1932年2月至1937年1月在南桥小学任教五年间,就连续获得奉贤县教育科奖励八次,计甲等奖五次,乙等奖一次,丙等奖两次。自从担任南桥小学校长后,更是励精图治,长于管理,善于用人,学校生机勃勃,教学质量不断提高,学校声誉日隆。

曹祖愚担任南桥小学校长之时，正是中华民族处于危亡之际。曹祖愚四处奔走，将原南桥小学（抗战时为日寇占用）加以修缮扩建，筹建成新的南桥小学，后为南桥中心小学。

曹校长主持南桥小学工作后期，正是解放战争时期。当时的国民党反动派节节败退的同时，也愈发加强了对革命者的残酷镇压。为了救亡图存，为了国家，曹校长挺身而出，虽然他不是战场上英勇杀敌的战士，但在他的领导之下，南桥小学也成了抗击国民党反动派的根据地——南桥地下党支部，它的建立就是从南桥小学开始的。

抗战期间，为了开展浦南地区工作，上级党组织于1941年组建了中共浦南工作委员会。为了开展地下斗争，不少解放区的地下工作者奉命向国民党统治区转移。转移的过程危险重重，曹校长借南桥小学给予了这些地下工作者庇护。他们纷纷以教师的身份来到南桥小学工作。1946年，中共地下党员汤瑛、潘玉书、汤萃平先后调入南桥模范小学任教，浦南工委决定建立南桥支部，由汤瑛任支部书记，以后又发展了几名党员。1948年暑期，由地下党领导的以团结、宣传、教育青年为宗旨的黎明流通图书馆，经当时校长曹祖愚的同意，使用学校校舍举办暑期补习班，白天为学生补课，傍晚为店员职工补习。补习之余，组织学生和职工学唱进步歌曲，阅读进步书籍。在这期间，支部又发展了十位同志入党。在曹校长的掩护下，不少地下工作者如期完成任务，免遭敌人杀害，保存了中国共产党的革命力量。

中共南桥支部，从无到有，党员从少到多，逐步发展，在组织团结青年，迎接解放等方面做了大量实际工作，起了一定的作用。在1949年春季，中共淞沪工委指示，工作重点转入迎接解放，在工委直接领导和指挥下，南桥地下党支部进行了不少工作：搜集有关情况，编印"奉贤概况"提供南下干部接收奉贤的情况参考；派员赴苏州接受松江地委关于接收伪政权的工作指示；策反国民党刑警队；印制宣传品；绘制南桥地图；发信敌伪组织负责人，指令其保存好财产、档案，准备我军接收；组织工商自卫队，维持地方秩序；筹借军粮十九万斤，供应解放大军进入上海市区。在南下干部枞队到达奉贤后，在中共奉贤县委领导下，南桥中共党支部又配合接收政权。

抗战胜利后由于曹祖愚励精图治，认真办学，严格管理，南桥小学教学秩序迅速恢复，教学质量明显提高。曹校长还善于发现人才，使用人才。只要知道哪里有好教师，他就会千方百计地把他请来。学校需要英语教师，他就路远迢迢到上海去请。那时交通不便，去一次上海得花上一整天时间，一次又一次，终于把他要的教师请来。学校的军号队需要指导教师,他又千方百计去找军队的司号长来帮忙。由于聘用高质师资,教学成绩斐然,称誉于奉贤各乡、各地,家长纷纷将子女送来南桥就读,为此曹祖愻办理寄宿制(男女兼收),当时学生来自钱桥、青村、柘林、新寺、胡桥、庄行等各乡,寄宿制严格管理,专职教师辅导,伙食丰富,讲究营养,上夜自修,定时作息,晨起早操,生活学习规律,有益于青少年全面健康成长。

## 第四节 敦品重学：当代南小的繁茂

沉舟侧畔，千帆飞扬，荣耀在前面闪光，而延绵的脚步声里，有故事和新芽一起生长，静谧中发现花开的声音惊天动地，阳光艳丽得让人心悸，前溪后溪，我们携手坐观满园风华。

建国以来，南桥小学奉命接收私立耀蝉小学为分校，又于1953年被定为县重点小学。历年来，县教育局又将各项教育、教学和研究工作，交由南桥小学试点。如1951年的"五年一贯制"一年级起始班的试点、1954年对小学毕业生进行"劳动教育"，以及学习苏联教学法、语文教学贯彻"文道结合"原则等，经过南桥小学的试点，这些政策才被推广到其他学校实施。后几年，南桥小学又被定为上海市重点小学、上海市文教方面社会主义建设先进集体，更是参加了上海市社会主义建设群英大会。

改革开放后的三十多年来，学校又被评为上海市农口系统文明单位、上海市办学先进单位、上海市教育科研先进单位、上海市青少年保护先进单位和奉贤区首批B级学校。南桥小学始终以高质量的教育、教学水平，赢得社会各界的赞誉。

百年风云变幻，百年沧海桑田，在历史的洪流中，不变的是南小对精神文化的发扬和传承。一代一代的南小人，怀着对南小无尽的爱意，感念先贤的遗念，吸取渗透在校园每一寸土地中的精神财富。

**［人物简介］**

张大维，上海市特级校长，文游精神的继承者，也是文游精神新的开拓者。张大维校长在小学教育岗位上已工作了三十多个春秋，他一贯热爱中国共产党，热爱社会主义，具有为教育事业奉献终身的精神。作为一名教师，张校长是勤奋的，她积极参加各类学习班，阅读了大量的教育专著和刊物，先后赴德国考察学习，赴云南讲学。在学习和培训中,她逐步养成良好的学风与"做学问"的态度,为南小的发展注入了新的力量。工作中,她积极关注青少年儿童的发展状况,在德育方面加强探索、研究和学习。在办学中实践,在实践中反思改革,她将"和谐发展"纳入学校教育体系之中,落实在教育过程之中,优化了育人的模式,大大激发了学生的自我教育、自我管理、自我修养的主动性和积极性,使学校德育工作呈现出生动活泼的新局面。在实践中她还探索了以"体验、实践"为特征的德育方法,努力将德育目标转化为学生的追求与行动,将德育有机地渗透到各门学科,自然地、恰到好处地开发德育的功能,发挥德育的作用。

为了更好地传承文游精神,让美德根植于学生心中,张大维校长又不遗余力开发新课程,借助新时代的《小学生行为规范》重新设计活动和课程,开展了以"班集体自主管理"、"人口、环境和可持续发展"为主题的系列教育活动。提出了增设班级岗位,建立小干部轮换制,丰富班级评价这三种做法,提高了学生讲道德、明是非、辨善恶、知荣辱的客观分析能力。同时也将中华传统美德教育融入其中,组建文化社团,推进探究型课程的设置。创新德育方法,以校史为基础,引入环境教育,在浸透文化气息的土壤之中开出创新之花。

在不断的探索中,张校长将传统的"敬、慎、勤"校训师风进行了新的解读,充实新的内容。在管理中努力体现人文思想,注重办学经验积累和文化精神的积淀,在实践操作中注重人的情感和意志的引导,注重文化内涵的充实。由三字校训衍出的"和谐"教学理念,倡导教师与学生的和谐;提倡师生之间真诚积极的情感交流;充分尊重学生的主体地位;创设和谐民主、充满活力和凝聚力的人文环境;营造和谐浓郁的文化环境,为文游精神注入新的活力。

张校长在南小的历史上一步一步踏实地走过了三十多年的教学管理生涯,南小的树荫润土滋养着她,她也一笔一划书写着南小的成长与改变。1995年她被评为中学高级教师(德育专业),2000年列为上海市骨干校长,同年9月列为全国千名骨干校长,2007年评为上海市特级校长。十多年来,她在省市区级报刊共发表教育论文二十篇,参与编写专著四本,教育科研成果获区一等奖、二等奖四项,曾获上海市德育工作先进个人、上海市教育科研先进个人、奉贤区名导师、奉贤名校长、奉贤区艺术教育十佳工作者等荣誉称号。

南小是树,一颗经历风雨,却依旧茁壮成长的大树,随着时间的推移,这棵大树愈发枝繁叶茂。抚今追昔,南桥小学在建校二百多年后的今天,老树焕发新芽,馨香溢满雅致家园,南桥小学,于古朴中透露现代的朝气。它以家乡"贤文化"为主线,围绕"敬、慎、勤"三字校训,构成学校深厚的"醇美"文化底蕴。土地滋养,风华正茂,吐故纳新,意蕴殊致。

在改革开放后的三十年来,南桥小学在全面贯彻教育方针和推进素质教育的实践中,本着"在继承中求发展,在改革中创特色"的指导思想,运用"思路新,管理严,作风正,工作实"的科学管理方法,在原有的办学模式基础上,通过多年的教育实践,形成了自己的办学特色,办学水平上了一个新台阶。

随着时代的变迁,教育的进步,学校在传承中创新,提出了将"醇美"作为教育哲学,体现"以醇至醇、以美育美"的教育理念。我们期望,以醇美的外在表现形式,美化学校内涵诸要素,如课程、教学、师训、德育等,让师生在醇厚文化的熏陶中,传承传统文化的醇厚之美、体现学生成长的醇真之美、展示课堂互动的醇香之美,获得智慧与德性的同步成长,形成典雅优美的气质。

目前,学校共有两个校区,共占地六十一亩,形成五十个教学班的办学规模。学校区域划分合理,环境幽雅,花木繁茂,教学设施一流,硬件设施处于全区最高端水平。学校实施"五部五中心"一校两区的运行管理模式,做到条块交叉,干群结合,缩短时空,减压增效。学校以特色发展为导向,追求品牌化、优质化,在办学创新、课程建设、师资培养、德育机制、艺术特色、信息革新等方面都具有一定的影响力,让我们的孩子在愉悦和谐的氛围中享受艺雅的校园生活。

# 第二章

# 一个人，一棵树

如果我们把儿童视为一棵树，一个生机勃勃的生命存在，看作是承载着人类生命进化史的精神存在，那么我们就会发现儿童与大自然有着神圣的融合。没有大自然的浸润，人类就没有丰满的灵魂与饱满的精神。在乡野清风与阳光雨露的感性陶冶中，孩子们获得的是真善美。

## 第一节 儿童是自然之子

儿童是自然的造化,是宇宙进化历史的产物,因而可以称儿童是自然之子。这一方面体现在儿童的肉体和精神系统都与大自然有着千丝万缕的联系,这是儿童与大自然之亲密关系的根源,另一方面儿童和大自然之间有着一种相互交融、息息相通的关系。正因为如此,儿童比成人更为亲近大自然。儿童对于大自然的依赖绝不仅仅是物质上的,在语言的形成、思维的发展、想象力的丰富以及整体人格的形成等方面,他们必须从大自然中汲取养料。

## 一、大自然是儿童更为宏大的母亲

人类是发源于大自然的,人属于高级动物这一点是无可否认的,人类的文明必须深深地扎根于我们周围的自然,否则一切文明都只能是空中楼阁。文明是人类社会所独有的,人们往往过于强调这一点,从而忽视了人与大自然之间的亲缘性,忽视了人也是从大自然中进化出来的一个物种这一事实。人类是在进化的历史长河中衍生出来的一个物种,儿童也是进化历史的产物。

其实,儿童的精神系统是进化历史的产物则有着更为丰富的内涵:

### (一) 大自然是"思考和言语的源头"

大自然与儿童的语言和思维能力的发展有着千丝万缕的联系。大自然是"思考和言语的源泉"、"世上最美妙的书",它能为儿童的语言和创造性思维的发展提供丰富的材料。"活的语言和创造性思维的源泉如此丰富而又取之不尽,假如我们一小时发现一样东西的话,那么这些发现也足以延续若干年。"儿童对大自然是如此地满怀好奇与探究的欲望,大自然的美景使他们的心灵产生的震颤让"活的语言"从他们的口中脱口而出。

苏联教育家苏霍姆林斯基的《把整个心灵献给孩子》中,"这是太阳把露水喝掉了,"拉里莎低声说道。她的幻想创造出来的形象引起了小朋友们的兴趣,于是一个新的童话诞生了。就在这丛野蔷薇旁,在这个活的语言的源泉之畔,孩子们面前出现了一条新的绝妙的小溪……在此之前,孩子们知道的诗都是从哥哥姐姐那里听来的,都是从书本里学来的,而这里,却是从活的语言,从周围环境中产生了诗。"夜里落下露珠,落入银白色的蛛网,"拉里莎说着,眼睛闪出欢乐的神情。大家都不作声,但是我看得出,每个孩子的思想都因为受到语言魅力的感染而像飞鸟一般地翱翔了。"玻璃色的珠粒,颤抖起来了,战栗起来了,"尤拉接了下去。

### (二) 大自然塑造儿童的人格

童年时期是整个人格长成的关键时期,这一时期,周围的环境对儿童以后的影响是巨大的。儿童与大自然之间相互交融、息息相通的关系让他们能够在大自然中体验到一种由衷的喜悦与欢愉,儿童独具的与大自然直接交流的能力也让他们比成人更能感受到大自然难以言传的奥秘,从众多哲人对自己童年的回忆和相关言论中我们可以发现大自然对早期人格的形成产生了巨大的影响。

当代儿童文学作家曹文轩在回顾童年生活时,也提到了大自然对他的性格、人生观的形成具有重要意义:"我的灵魂永远不会干燥,因为当我一睁开眼来时,一眼瞧见的就是一片大水……水对于我的价值绝不仅仅是生物意义上的。它参与了我之性格,我之脾气,我之人生观,我之美学情调的构造。"不仅仅是水,还有很多东西也养育了他的灵魂。"二十年岁月,家乡的田野上留下了我的斑斑足迹。那里的风、那里的云、那里的雪、那里的雨、那里的苦菜和稻米,那里的一切,皆养育了我,影响了我,从肉体到灵魂。"曹文轩认为,大自然对自己的影响不仅局限于生物层面,自己从"肉体到灵魂"都印刻下了大自然的印记。而他之所以成为今天的自己在很大程度上要归功于年少时在大自然中接受的陶冶。用他的话来说,是"乡村固定了我的话语",是大自然塑造了他的人格。

总之,儿童的肉身和精神皆源于大自然的进化,就此而言,大自然是儿童更为宏大的母亲,儿童与大自然有着更为亲近、更为密切的"血肉之亲"。大自然给儿童带来的,是一个远远大于客观现实的世界,正如原型理论所揭示的那样,"童年原型使其突破单个人的存在,从而进入绵远的生命进化历史。儿童的世界是由整个生命进化史构成的。他们拥有的世界是一个比现实更为宏大的世界。"

## 二、以原初的状态徜徉于大自然之中

亲近大自然是儿童的天性,当儿童走进大自然宽阔的世界时,大自然那无与伦比的美感,连同大自然的种种景象都会引起儿童的喜悦、惊叹。如果让儿童投入到广阔而丰富的大自然的怀抱中去,让他们在无限美好的天地间放飞自由,那么他们获得的将是无法估量的财富,在这份自由中,儿童便处在了最宏伟的景物的源头,他们在大自然中如鱼得水地游戏、涂鸦、歌唱、跳跃,内在感官与外在感官就总是息息相通的,他与蓝天和大地的联系成为他日常生活的一部分。童年的生命始于万事万物相互开放,相互通融的直接交流,他们的生命之花在同大自然这种通融和交流中得以尽情绽放。只有经过大自然的润泽,儿童才能完好地保有其真善美的天性并最终成长为一个有着朝气和灵性的生命体。

英国诗人华兹华斯在他的作品的很多处都体现了儿童与大自然之间的浑然一体的状态,对于这种状态他充满了钦羡和向往:

啊,我还是 5 岁孩童的那一年,

在河流截出而成的磨房小溪里,

我终日戏水在那个夏天里;

一会儿晒晒太阳,一会儿潜入水中,

如此反复,或是在沙滩上徜徉,

跳跃在开着黄色的狗舌草花的小树林中;

直到岩石、山崖、树林以及远处的斯基达山,

都染上了夕阳的光辉。

我还独自停立在天穹下,

就像我出生在印第安大草原,

一个赤裸裸的野蛮人，

沐浴于轰轰的雷雨中。

正如在诗中体现出来的,孩童和岩石、山崖、树林、小溪是浑然一体、相互交融的。天空下,这个自由自在嬉戏的孩子组成了大自然中天然的一个部分。在华兹华斯看来,孩子就应该是在大自然中自由自在、无拘无束地生活着,游戏着的。孩子们徜徉于大自然之中,保留着对大自然的坦率开放,感受着大自然,仿佛回到了人类的原初状态,成了一个"野蛮人"。这个"赤裸裸的野蛮人"是与大自然息息相通的,和谐共生的,他是必须在太阳下、在小溪中、在沙滩上自由自在地游荡的。

## 三、让儿童在大自然的照料下成长

儿童作为人之幼体,与大自然有着比成人更为亲密与和谐的关系,儿童的精神成长离不开大自然的滋养,因为在大自然中,他们能够率性而动,能够自由地探索与嬉戏,即便是一只蟋蟀、一粒石子、一片树叶,空中的飞鸟、地上的爬物,都会被儿童赋予意识与情感,他们需要在大自然中停泊自己美丽的灵魂;没有大自然的浸润,儿童就没有丰满的灵魂与饱满的精神,所以我们常说,儿童热爱大自然,孩子质朴的心灵与纯净的眼睛,跟自然最近亦最亲。尽管大自然的教育作用是潜移默化的,是在无意识中产生的,但对之却不可小觑,因为孩子与大自然的交流中,与乡野清风阳光雨露的感性陶冶中,获得的是真、善、美全面而和谐的发展。

既然大自然对于儿童的精神成长具有重要价值,儿童对大自然也满怀热爱,那么儿童教育就应该尊重儿童的天性,放儿童到大自然中去,让孩子们在大自然的照料下成长吧!正是这样,儿童对自然才有了更为刻骨铭心的记忆。

【案例 2-1-1】

## 当儿童回到自然

### 唐朝霞

每到周末,我都会带她回乡下。儿童是自然的天使,真是一点都没错,他们有着对自然最原始的热爱。一下车，女儿便像一只小鸟似的飞向田野。她能变着法子玩出不同的花样：将各色花瓣采集起来，放在透明的玻璃瓶里，或给小蝴蝶做"花床"。我心想：不知哪只蝴蝶公主有这样的好运气，能在"花床"上小憩片刻。她还会将藏红花一朵朵地摘下来，装在竹制的筛子里，说是要把它们晒干后泡茶喝，家人、老师、朋友都有份，我讶异于她小小的心房竟住着那么多人。有空的时候，她会举起大大的剪子修理草坪，为不修边幅的冬青梳妆打扮，"嚓嚓"间，她高呼："冬青的'小平头'出炉了！"她天真活泼地跑东跑西追逐飞蛾，想让她们栖息在"花床"上，可总是捉不到。跑累了，她就拿着小板凳坐在老槐树下，老槐树长长的枝条垂到她的腰间，她俨然成了一棵小小的树了。她也尝试烧土灶、追肥、扬场等乡间劳动……

大自然中每一个生命的触角都会轻轻荡起她心灵的涟漪。玩着，玩着，她完全放松了，饶有兴致地开始"作诗"。她看到夹竹桃开了，就低吟："夹竹桃，有红、有白，白的似瑞雪初降，红的如焰火绚烂。"她看到枇杷缀在枝头，就赞叹："枇杷，生长在矮树上，圆圆的，似一个圆圆的月亮。"她看到雪松傲然挺立，就感慨地吟诵："雪松啊，一年四季都见到你的身影，那么翠绿，那么生机勃勃……"她陶醉在诗意的境界里，还不时冒出灵动的篇章。

儿童难道是天生的诗人？我想起女儿写命题作文时眉头紧锁的模样，再看看此刻她如此轻松自如地"诗兴大发"，我不禁感叹：儿童是自然的天使，我们应该让他们回归自然！大自然的花鸟虫鱼、雨雪风霜才是儿童最亲密的玩伴。将儿童带进大自然，无疑给了他们一个完整的童年。

将儿童放归自然，也使我们成人的生命得到净化。当听着女儿在花丛间无拘无束放声大笑，吟诵即兴生成的小诗时，我感觉自己的心灵也得到了放空。

## 第二节　儿童就是儿童

儿童是谁？儿童是人，但不是小大人。在传统的观念里，儿童是"乳臭未干"的"小黄毛"，是"嘴角还有三分毛"的"雏鸟"，幼稚而无知。这字里行间无不透露着对儿童的种种瞧不起。甚至有更变本加厉的演变：三天不打，上房揭瓦；不打不成器；更有棍棒底下出孝子之说。然而，殊不知，如此种种都是对儿童的误解、小看，甚至于诬蔑。儿童是有他自己的智慧的，中国古代的哲学家老子甚至认为那些最具智慧的圣人恰恰就像一个孩子。印度的圣雄甘地也认为儿童有其自己的智慧，他讲："如果我们不耻下问，我们可能不向学者而向所谓无知的孩童学习最重要的生活之道。"耶稣说过，最伟大的真理是：孩童嘴里出智慧。

## 一、儿童是小小"探索家"和"思想家"

"发现"是儿童不可遏制的天性。一些专门研究儿童的学者已认识到儿童是"探索者"和"思想家"。例如，蒙台梭利就在其讲演中多次指出，儿童是小小的"探索者"，是"上帝的密探"。苏霍姆林斯基则认为儿童的问题具有"哲理性"，他明确指出："儿童就其天性来讲，是富有探索精神的探索者，是世界的发现者。"

儿童有他自己的思想，有他自己的世界。他的思想和世界不是成人灌输给他的，而是他自己构建的。其实，儿童对世界的探索从出生那一刻就开始了，而在生命开初的那段时间，儿童探索最多的，是自己的身体。我们经常看到婴儿把自己的手放在自己的嘴巴里，更可爱的动作是自己的小脚丫也常常是婴儿嘴巴里的常客。身边人的动作、周围的声音等也都是婴儿探索的对象。成人往往不知道，儿童只要醒着，便积极主动地构建着他自己的世界观念。"我们甚至不会注意到，我们家中那张新买的婴儿床上，有一件神奇的事正在发生。就在那儿——婴儿床的栏杆后面——世界正被创造。"在婴儿床上，儿童在创造着世界；从婴儿床到婴儿车里，儿童被人推着看周围的一切，这时他像哥伦布一样发现着新世界；在游戏里，他构建着外物的形状、结构、色彩、重量等等，建构着玩伴的所思所想。哪怕在临睡前，孩子也在构筑着他美丽的世界："太阳为什么会落呢？星星为什么会眨眼睛呢？鸟为什么会飞呢？大象的鼻子为什么那样长呢？"

**【案例 2 - 2 - 1】**

　　有一次，中班的幼儿到生态公园玩，那天公园正在举办花展，摆满了各式各样的鲜花。老师和小朋友们走在花丛里，老师在想着自己的心事，幼儿们兴趣盎然地观察各种花的颜色，有的还伸出手去摸摸，有的蹲下去用鼻子去嗅闻香味，不时传来他们自己的发现。老师们只是"嗯嗯啊啊"地应付着孩子们。来到一盆紫色的碎花面前，一个穿蓝色外套的小朋友俯下身体，认真地闻花的香味，他发现旁边还有一盆与紫色碎花形状一样，但颜色粉红的碎花，于是，俯下身体认真嗅闻，然后，他转身告诉老师："这两盆花的香味不一样。"老师看到他认真的模样，不得以蹲下来看了看这两盆花，说："它们是一个品种，同样的形状，只是颜色不同，香味应该是一样的啊！"孩子坚持说："不一样，就是不一样！"老师没办法，为了证实自己的判断，决定嗅闻一下，俯下身，果然两盆花的香味不一样。此时老师才惊诧于孩子的观察和判断。这不禁让我们感叹，我们成人已经习惯用经验去推理世间万物，而孩子却在用他们真实的感觉来发现这个世界，他们的小脑袋里藏着许多不为大人所知的思想源泉，只要兴趣一来，他们的所思所想会立刻付诸行动，用亲身探索印证自己的想法。不得不说，孩子是在无所顾忌地思考并探险着这个世界。

　　一年一度的冬令营活动开始了，一年级的孩子们跟着老师来到大山里探险。孩子们兴致勃勃，在奔向大山的路上，眼睛都不够用。有的孩子站在山脚，仰望高山，发出啧啧的赞叹声；有的孩子踩着脚下的积雪，对咯吱咯吱的声音产生了浓厚的兴趣，不停地你追我赶，比赛谁踩出的声音更多。在路过一处农家的地方，一处原始压水井引起了孩子们极大的好奇，都纷纷过来议论不止。冬令营的老师饶有兴趣地给孩子们介绍这远离城市的"原始工具",孩子们静心听着。突然,一个小朋友伸出舌头去舔井口。老师赶忙制止了他,并郑重地讲解着关于为什么冬天的水井口不能用舌头去舔的知识。可对于对此经验不足的孩子们来说,真是懵懵懂懂。那个伸舌头的小男孩只是瞪着大眼睛听着,对老师的讲解只是机械地点点头。到了基地,孩子们在老师的安排下吃好饭,都睡觉了。半夜的时候,从大山里传出来孩子的哭声,大家被惊醒。老师点了下人数,居然少了一个。大家向着哭声跑去,只见一个孩子舌头伸出来粘在了水井口,不敢动,正哭呢。走近看,正是白天伸出舌头舔井口的小家伙。大家手忙脚乱地把他救下来,他却抹了抹眼泪,抽抽噎噎地对老师说:"老师,你说的是真的,冬天真的不能用舌头舔水井,舌头会粘住的。"原来孩子白天的若有所思,使得夜不能寐,都是因为他的小脑袋里一直装着老师说的话,到底是不是真的,他要用实际行动探求到思索的果实。

## 二、儿童是小小"艺术家"和"幻想家"

毕加索有一句名言:每个孩子都是天生的艺术家。的确,他们天生喜欢涂涂画画,他们会用一粒石子、一小块瓦片或者一小段树枝,在墙上、地上、沙滩上绘出自己心中的欢乐与忧伤。孩子们似乎天生喜欢涂画,而且无论使用怎样的材料,画出怎样的图像,他们都乐在其中。面对孩子的画作,成年人会对他们的想象力与创造力发出赞叹,会因其中的童趣盎然而倍感孩子的可爱。但也有一些孩子,在各个层面上都让我们震撼。

九岁的英国男孩吉隆•威廉姆森(Kieron Williamson)的二十四幅画作在十五分钟内售出了三十八万六千美元;五岁的澳大利亚女孩爱丽塔•安德烈(Aelita Andre)的抽象油画每幅售价九千美元。前一个是小莫奈,后一个是小康定斯基,不仅画作售价不菲,而且在重要的博物馆和画廊举小展览,更是媒体上的明星,这是让很多成年艺术家都艳羡不已的成就,而他们在儿童时期就已经尽获囊中。也有很多人对此提出了诸多问题,其中之一是对其艺术的质疑,而另一个则是担忧年少功成名就对于孩子未来成长的不良影响。

儿童的艺术世界也是一个充满想象的世界,这得益于他们与成人不同的"别出心裁"。拿剪刀,将桌布剪出了小洞,煞有介事地说:这是一面镜子;用口红在墙上涂满了红手印,得意地宣布:这是我的作品;把巧克力堆成一座小房子,高兴地喊着:这是白雪公主和王子的梦想小屋。儿童的世界没有规则,没有禁忌,所以一个个"异想天开"的梦如花儿绽放。

**【案例2-2-2】**

写生课上,老师带着孩子们去公园写生。好多小朋友选好位置,开始落笔。有的凝神观看,有的若有所思,也有的忙碌着去追逐小蝴蝶。当大家的作品都摆在一起时,老师看见了让人意想不到的场景。明明是公园,是大家休闲散步的地方,有些小朋友竟画起了小兔子妈妈拉着小兔去采蘑菇;另一些小朋友居然画出了一只小猫在小河边钓鱼;更有"异想天开"的小朋友画出一只长颈鹿在树上啃树叶。由此可见,儿童画不是写实的,而是想象的。在儿童的世界里,画里面的东西就是写实,但他的意识水平使他在观察事物或者表现时,不知不觉地加进了自己异想天开的内容。这是儿童的生命、儿童的精神发育程度使然。所以说,儿童的生活多多少少是想象的,儿童的艺术也是如此。

一次学校的开放日活动上,一位画家很欣赏挂在墙上用来装点教室的儿童绘画作品。在二年级教室里有一幅作品给画家留下了深刻的印象。这幅画描绘的是在万圣节那天,女巫骑着扫帚在天空中飞行的场景。这是一幅很复杂的作品,而且其表达水平给人留下了深刻的印象。更重要的是,这幅作品充满了灵性和激情。这幅绘画作品作者的父亲看到画家正在仔细研究这幅画,便走过来,想听听画家的看法。"我儿子的画在您眼里一定显得非常幼稚吧?"他说,"您是一位专业的艺术家。""就算幼稚也显得非常精彩,"作家回应道,"您的儿子是一位了不起的艺术家。"他又看了一眼那幅画,惭愧地说:"他画了很多画,但是我确实没有对这些画有过太多的关注。"于是,画家再一次阐述了他认为这是佳作的观点,并且指出了其中蕴含的一些高尚情操。那位父亲满怀对儿子的自豪感听完了画家的观点,并回答道:"我对这些画作的理解还不是很深刻,但是如果他表现得比平均水平来得高的话,也许我们该考虑给他上一些艺术课程来发展他的天赋。"这位父亲的态度还是很不寻常的。如果一个孩子看起来有非凡的艺术才能,那么他的艺术表达就应该被鼓励。因为孩子是天生的艺术家,幻想家。

一次春游活动,小朋友们跟着老师一起去植物园游玩。面对成千上万种千姿百态的植物,孩子们发出了啧啧称赞。最让导游惊讶的是孩子们一边走一边叫着它们的名字。幼儿园的小朋友识字量如此之多吗?导游怀着好奇和钦佩之情走近孩子仔细听了听,恍然大悟:孩子们居然自己给植物取了好多有趣的名字。仙人球叫胖嘟嘟,万年青叫长高高,黄杉叫针针……导游惊叹于孩子们的想象力,更惊叹于孩子们的别出心裁。

## 第三节　两片不同的叶子

儿童社会充满简单之美，儿童具有真、善、美的特质。其精神的成长与创造，与身体的孕育和成长一样，都是自然而然的。它们是人的本能，也是自然的意志。柳宗元在《种树郭橐驼传》一文指出：顺木之天，以致其性。由物推人，这其实就是养人的道理。世界上没有两片完全相同的叶子，每个孩子都是思想独立的个体，都是与众不同的。孩子成长过程中的不可控因素有很多。儿童的成长离不开教育，儿童教育是要给儿童以知识，发展儿童的能力，培养儿童的情感。但儿童的成长主要还是靠自己，他的发展态势是不以教育的主观意志为转移的。即他们有着自然发展的规律，有着自己的天性。而我们的儿童教育，应当顺应儿童的天性，遵循儿童成长的规律，而不是为了把儿童塑造成理想的样子而改变儿童的天性。

## 一、儿童是海绵

儿童自婴儿时期就对各种经验具有很强的吸收力。儿童在直接从他所处的环境中吸收经验的同时，发展了内部的精神力量。印象不仅仅进入他的心理，而且形成心理。蒙台梭利把这种心理定义为"有吸收力的心灵"。

蒙台梭利认为儿童体内存在"内在教师"。它是儿童的天性，指引着儿童成长。儿童有自动成长的本能，有天赋的自动成长的根基。所以，教育要适应儿童"吸收的心智"的召唤，顺应儿童体内的"内在教师"，充分尊重儿童成长的本能需要，充分发挥儿童活动的自由和学习的主动性。

**【案例 2 - 3 - 1】**

　　一次课间，我走过教室，看见一小组长弯着腰指着一男孩的作业说："你这个字实在不行，字就是你的一张名片，乖，擦掉重写。"男孩撇了撇嘴抱怨道："你又不是老师，凭什么让我们重写？"小组长一双眼直盯着男孩，"你这字，老师肯定让你重写，到时候你就会拖我们小组的后腿，还不如第一遍就认真写呢。做事就该认真……"小组长说得头头是道，小男孩拿起橡皮擦了起来。这一幕是多么地熟悉啊。这动作、这语气、这内容，不就是我平时教育孩子的样子吗？每天，孩子用他们的眼、他们的耳、他们的心记录着发生在身边的点滴。如海绵般吸取着经验、知识……周围的每个人都有可能成为他们学习和模仿的对象。


## 二、儿童是种子

　　儿童的本能或天性即是一种潜在的能力，是他们得以成长的动力。杜威等教育家也是极其重视儿童的天性与个性。天性蕴藏着巨大的潜能，这种潜能处于黑暗的状态，它需要意识的照亮。教育就是要唤起沉睡于天性深处的自我意识，将人的创造力、生命感、价值感唤醒。教育不但要表明这种天性的存在，而且要呵护、尊重这种天性。作为教师首先要搞清儿童的天赋能力，适时给予恰当的引导，促进儿童天性的发展。

　　人生而具有智慧、道德和信仰的种子，但这些"种子"的发展取决于人所受的教育。即人的本质不是先天的，而是在后天社会生活和社会实践中形成的。儿童天性善良，教学应该开始于儿童的自发活动和本能兴趣，通过引导唤醒与激发他们的本能与天性。正如农民种植庄稼，在合适的时机给庄稼浇水、施肥、除虫……在精心的呵护下成长。儿童在儿童期通过学习获取知识，锤炼本能，来实现其潜在的天赋的资源。


**【案例 2 - 3 - 2】**

　　班级里有一个叫年年的特殊生。他是个特殊的孩子，总是沉浸在自己的世界里，三年级了，识字不多，会写的字更少。我接班时从前任班主任那儿了解到，这孩子的表现源于智力原因。作为班主任，我给予了他很多关注，经常让他在我身边做作业，抽课余时间或放学后对其进行辅导，从标小节教到数句子，再教到连句成段……平时有空就和其他任课老师交流，了解他的各门功课情况，并不时鼓励他。几个月下来，他居然能正确地读课文，积极举手发言，也知道在试卷上要写字了。语文期末考试竟然接近及格了，这真是历史性的突破。

孩子的能力发展本身就是有差异的，而孩子在不同学科的学习中的表现更是由其兴趣、技能的发展影响的。其实每个孩子都是有潜力的，有的孩子可能发展速度没有同龄人快，但他也是能发展的。作为教育者的我们要做的就是挖掘孩子们的潜能，引导和促进他们发展，使潜能发挥最大化。

## 三、儿童是清泉

儿童天性中表现的童真、童趣给人带来纯洁、美好的感受，是激发人欣赏和体味生命美的真谛所在。他们的世界是一个奇妙而充满幻想的世界，他们是自己世界的主人，按照自己的思维逻辑、价值观念和游戏规则在这个世界里生活。他们纯洁、真实、不虚伪造作，像一股清透甘甜的清泉。他们表达意愿的方式很直接，因此对待儿童要多一分耐心。

【案例2-3-3】

六一儿童节到了，孩子纷纷分享各自从家里带来的美食。小裴带了两只大西瓜。老师就切开它，然后分给小朋友吃，孩子们各个乐滋滋的，一个孩子待在老师身边，始终盯着老师切西瓜，还不时喃喃自语："这块大些"、"这块没那块大"。老师以为他想吃最大的一块就切了一大块西瓜给他。旁边的同学看到了，窃窃私语："老师把最大的西瓜给他了"。谁知这孩子拿起这块西瓜递给老师，害羞地说："老师，给你吃。"听了孩子天真的回答，同学们不语了，老师的心颤动了。老师为孩子纯洁、善良、美好的心灵而感动，他的纯真就像那清澈甘甜的泉水！

仔细想想，在我们的现实生活中，面对天真无邪的孩子和他们充满童趣行为，我们的老师、我们的家长有没有耐心等待，等待他们把自己的想法说出来？也许我们没有给孩子说下去的机会,就武断地以成人的思维作出判断:当我们看到孩子做了一件不合规矩的事,不给孩子机会解释,就对孩子的纯真的举动进行否定,甚至训斥……

教育是一门慢的艺术,教育需要等待!我们要像教育家一样,耐心、细心、真心地呵护那些幼嫩的心灵,让我们蹲下身来,握住他们的小手,听他们把理由慢慢地说出来!让我们静下心来,用心倾听孩子们美丽纯真的声音!


## 四、儿童是火焰

儿童有独特的身心特征,生来就有一种学习和探究的欲望。好奇心犹如炽热的火焰驱使他一次又一次地尝试每一件事直到掌握为止。孩子是年轻的科学家,只有在他有意识地做出行动来反复观察事情的发生过程后,才能理解事件的起因和结果。因此孩子往往喜欢自己动手做事,并在做的过程中寻找答案。

**【案例 2 - 3 - 4】**
一次课上,孩子们正在学习《关羽刮骨疗毒》(沪教版小学语文五年级下册)一文,有学生问:"老师,给关羽刮骨疗毒的大夫是谁?"我咯噔心里一愣,课文中没提到,教材也并不要求学生了解这个大夫其人。此外,据我所知,这位大夫的身份在历史故事中认为是华佗,但历史真相究竟如何,这并不确定。可如果这时打断这种"好奇",让他们仅仅接受教材中的内容,而不要去做"探索"。他们也许就认为探求是"徒劳无功"与"无意义"的。我微笑着肯定他的求知欲:"嗯,这是一个值得探索的事情,你们可以课后去查阅一下有关资料,然后相互交流。相信你们的收获会更多!"言者无心,听者有意,没想到第二天语文课时,班级中一下炸开了锅,纷纷表达起昨天回家所查的资料。

儿童的求奇、求新的心理被激发后,让他们自主学习,动手动脑,相应的潜能会得到前所未有的开发,学习的兴趣也会随之而来。惊奇感也是构成儿童情趣的重要因素之一。抓住儿童天性好奇,富于幻想,具有爱好冒险、向往奇遇、喜欢刺激等心理特点,我们在教授给儿童知识(特别是文学作品)时,或者在指导儿童进行文学创作时,切记:"不是成人作者将自己的结论塞到作品中去,而是让儿童读者在艺术形象中'自然地解事物的意义','自然地发现现实'。"

童年是人生最重要的时期,是灿烂的、独特的一种生活。而教育使童年绽放光彩而非禁锢与拘束。教育是尊崇天性、尊重儿童、解放儿童的,选择符合儿童天性的内容并以适当的方式传递给儿童。我们一定要将儿童当成"儿童",他们有自己的认知法则,有自己的生长法则。因为儿童就是"儿童"。

# 第 三 章

# 一棵树的长势

每一棵树都闪烁着生命的光华与茁壮的异彩。瞧,扎根的树坚信自己有立于森林的能力,他们以仰望的姿态朝天空发出邀请,他们向上、向上、再向上,长出嫩叶,舒展枝条……他们相信向上的力量!

## 第一节　敬贤：为人之根

为何说有根才有花？有根才有果？那是因为根是基础，根是根本，根是滋养，根是牢固。俗话说，根深才能叶茂。一棵树苗，只有深深扎根于土壤之中，才能长成参天大树，结出丰硕果实。

人生需要储备，而小学正是扎根的阶段！《孔子家语》中说："少成则若性也，习惯若自然也。"当代教育家叶圣陶也曾说过："什么是教育？一句话，就是要养成良好的学习习惯。"小学阶段是学生形成良好学习态度、学习习惯的关键时期，也是一个人成长的奠基时期。学生在年龄小时，习惯既容易建立，也易于巩固，因此，良好的学习习惯是学生"为学"的根本。然而"为学"先要"为人"，所以，小学阶段的学校教育不仅要培养学生良好的学习习惯，更要先帮助学生扎牢为人之根。为此，学校结合《校训三字经》，注重学生品行教育，注重健全人格的熏陶。学校开发的"贤德课程"群，更是注重从行规入手，通过多渠道活动让每位学生懂得做人，学会求知，扎下善根，"尊师长"、"敬贤人"、"奉大爱"，一个个成长为"敬贤、知贤、学贤"的南小学子。

## 一、尊师长

古语云："师者，人之父母也，欲为人，必先尊师重道。"古人甚为讲究"一日为师，终身为父"，并且在拜师入门之时要行极其隆重的大礼，由此可见自古以来人们对老师的重视。

谭嗣同说："为学莫重于尊师。"为人之根在于"敬贤"，而"敬贤"则始于"尊师"。

故而,南桥小学《校训三字经》中第一条便是"尊师长,要感恩"。

### (一) 尊师,是一种行动

尊师长,最显见于学生的言行之中。某个教师节前,孩子们积极讨论如何真正做到"尊师",并用实际行动表达出来。胡艺宸同学就创编了这样一首儿歌《我是尊师好学生》:

南小学生进学校,脸上带着微微笑。/见了老师有礼貌,清晨问早午问好。/上课铃响速回座,摆好书本和文具。/端端正正身坐好,静等老师来上课。/老师进门齐起立,大声问声"老师好"。/上课迟到先"报告",老师允后速坐好。/有事要把课堂离,也先举手喊报告。/等待老师同意后,方可起身离座位。/出入老师办公室,敲了门后喊报告。/经得允许再进入,放慢脚步面带笑。/交流态度要诚恳,轻声勿把他人扰。/离开之前说再见,出门要把门关好。/行走路遇互礼让,主动让路给师长。/尊师长,看行动,我是尊师好学生。

自编儿歌两百余字,从早晨进校到放学离校,以一个孩子的理解力——罗列与老师相处的种种细节与规范,十分让人感动。当然,学生们心中"尊师表现"的答案不尽相同:不让老师生气,认真完成作业,上课踊跃发言,当老师的小助手,做好自己的小岗位工作……瞧,多么懂事、多么体贴的孩子们!

### (二) 尊师,是一份关切

尊师长,有时候是孩子几句真诚的问候。一个赢得孩子关注或喜欢的老师,他的一举一动往往聚焦着孩子的目光,牵动着纯真的童心。叶徐晟同学在"师生爱心卡"上这样留言:

凤老师,半学期过去了,我有好多话想对您说。老师,您上课时用着清脆的嗓音,可是下课的时候却一直在咳嗽,那是您要给我们一个良好的学习环境。老师,您辛苦了!请您一定要保重身体!我们也一定会好好上课,专心听讲,不辜负您的期望!

是啊,孩子对老师深深的感恩之情,可以让其换位思考,可以让其关怀备至,可以让其充满进取的能量。

### (三) 尊师，是一片深情

尊师长，是主动的表达，它在情到深处的孩子笔下流淌。四年级的陈依文在《我爱我的英语老师》一文中这样叙述：

今年我们换老师了，来了一位幽默风趣的老师。哈哈！他就是我们的英语老师——Mr 卫。

卫老师长得可爱极了，用一词来形容就是"圆圆的"。看，圆圆的脸上，有一双溜溜圆的眼睛，又戴着一副大而圆的眼镜，连身材也是胖乎乎的呢！他的脸上总挂着微笑，让人感觉很亲切，很和蔼。

Mr 卫教我们可有方法了。有一次英语上课铃响了，他竟然是面对着黑板横着走进教室，同学们都觉得新奇极了，有人还大声说："哈哈，Mr 卫你真像个大螃蟹……"卫老师看着大家的反应，哈哈大笑起来："今天老师就送你们一个单词——crab，螃蟹。"就这样，我们在轻松愉悦的氛围中记住了这个单词。随后，Mr 卫又突然严肃起来，对大家说："现在起大家一定要认真听讲，如果你们表现得好，说不定还能看到我的表演"。原本嘻嘻哈哈的同学们还真的就乖乖地坐正，认真听讲了一整节课。

自从有了 Mr 卫，英语课变得总是让人很期待，期待可爱的他带来别出心裁的教法！啊，卫老师，我们都喜欢你！

习作的字里行间，流露着满心的欢喜。学生对老师不仅是真诚的接纳，更是把老师当成了朋友。

## 二、敬贤人

南桥小学位于杭州湾畔的上海奉贤。"奉贤"二字可用两个词诠释：敬奉贤人、见贤思齐，意为看到好的榜样要想向他们看齐。关于这八个字有一个传说：孔子的弟子言偃学成后，辞官归学，到海隅来开设学馆，不但教授弟子学文习字，更以儒学的礼仪道德教人育德。在言偃的倡导下，海隅处处可闻孔乐之声。言偃也被海隅百姓尊为"贤人"。为纪念这位毕生致力于传学兴礼的贤人，后人将县名取为"奉贤"，以表达怀念之情，更彰显后人以言偃为楷模，崇尚"敬奉贤人，见贤思齐"的民风。我校三字校训

"敬、慎、勤"也是由贤人朱家驹老先生提出,并为后世所传扬、学习,一代代南小学子在以贤人为榜样的基础上,知贤、敬贤、学贤,释放心中文明的热情,守信担责,同构一个充满文明之美的美丽南小。

"敬奉贤人,见贤思齐",如今已成了每一位奉贤人的精神内核、生活准则,不仅到处可以看到、听见,而且人人、处处都在学贤、敬贤。

### (一)知贤人,参观庄行烈士纪念碑

在奉贤这片美丽富饶的土地上,贤人辈出,他们都是奉贤子孙永远学习与敬奉的对象:有忠于革命,献身祖国的沈志昂、李主一;有教书育人,培养人才的言子、朱家驹;有关心集体,热心公益的郭雪平……寒暑假中,我校学生利用快乐星期六小队活动,走近贤人,了解贤人。

"八一"建军节前一天,我们小蚂蚁小队顶着烈日,来到了奉贤庄行烈士陵园。革命烈士陵园内松柏环抱、绿阴满园、安静庄严。通过阅读石碑上记载的庄行暴动烈士的介绍资料,队员们知道了旧社会庄行平民百姓受到土豪劣绅的欺压剥削,终于忍无可忍,在暴动中推翻了压迫,取得了自由。今天,我们在烈士墓前鞠了躬,那不是普普通通的一个弯腰,那是充满敬意的行礼;今天,我们在烈士墓前献了花,那不是平平凡凡的花束,那是凝聚着无限深情的一束鲜花。烈士的鲜血换来了我们今天的美好生活,我们一定要珍惜现在,好好学习,将来为祖国的繁荣强盛做出自己的贡献。

通过参观,队员们知道了如今来之不易的幸福生活,是千千万万革命先烈用鲜血与生命换来的。作为炎黄子孙,我们每一个中国人不但不能忘记他们,更要向他们学习,继承和发扬革命先烈的精神,把他们的故事、他们的精神代代相传。

### (二)学贤人,开展绿色环保活动

生活在和平年代,人们的生活幸福安定。在安逸的环境中,如何让孩子们去学贤,同时把贤人精神发扬光大呢?我们告知学生:学贤,应当落实在一个个人、一件件事上,即时刻关注与关心身边需要帮助的人或事。某个暑假里,百灵鸟小队开展了这样一次绿色环保活动:

我们小队来到居民小区里,向过往的人们宣传绿色环保的意义,向他们倡导日常生活中应有的环保行为,同时还向他们发放了图文并茂的环保小知识宣传单。接着,

队员们开始清理街道上的垃圾：我们弯腰捡拾，小心地把废纸片、废包装盒等垃圾装进自己带来的绿色环保小袋中。我们睁大眼睛，仔细搜寻，不放过路面上一丁点儿垃圾，有的队员甚至探着身子把绿化带里面东躲西藏中的垃圾也清理了出来。有意思的是，有两位不认识的同龄人也加入到了我们的行列中。经过一个半小时的奋战，小区的环境变得更加干净整洁了。我们不仅用自己的行为向大家宣传了环保，还切身感受到为社区出力的骄傲和自豪。

此次活动，队员们不仅发扬了吃苦耐劳、无偿服务的精神，同时还清洁了环境，感染了他人。其实，生活中一个个不经意的小细节、小动作何尝不都是在学贤呢？如，弯腰拾起一张废纸、轻轻扶正一盆花儿……队员们正是这样用实际行动来知贤、敬贤、学贤，努力争当着南桥小学的醇美好少年。

如今，"敬奉贤人、见贤思齐"的思想精髓在奉贤这块热土上不断发扬光大。作为南小学子，孩子们在校内争得"学贤章"，在校外争当"贤少年"。他们把学校两百多年的校史、校训铭记于心，为做南小学子而荣，以当贤城少年为傲。

## 三、奉大爱

奉，《新华字典》中意为"恭敬地用手捧着"，引申为"尊重、遵守"。

爱，一种发自于内心的情感，是一个人主动以自己所能无条件尊重、支持、保护和满足他人的意识状态及言行。爱的基础是尊重，爱的本质是无条件地给予。

何谓大爱？撇去个体对自己、对亲朋之"私爱"、"小爱"，留出的那一席之地就应当是人性中的"大爱"，它可具体释义为：宽广博大的爱，施与众人的爱，即常言的"人间有大爱，大爱无疆界"，下到对身边陌生人的爱，上至对国家对社会乃至对世界的爱。

小学生的"奉大爱"教育宜从大处着眼、小处着手，一点一滴、恭恭敬敬……

学校"十一感恩月"书信评比中，孩子的感恩之念从父母推及社会，流淌着浓浓的"大爱"意识。

### (一) 奉大爱，是一种感恩

《说苑》有言："唯贤者，能为报恩"。懂得感恩的人，善于承受、勇于付出，懂得回报。学会了感恩，也便懂得了奉献。学校每年的"十一感恩月"中，要求每个孩子先"感恩"——写一封感恩书信，然后"报恩"——为他人做一件力所能及的事，再集体评出"最感恩书信奖"和"最感恩行动奖"。一个叫张恬的孩子在给妈妈的感恩信中这样写道：

亲爱的妈妈，今天是感恩节，我要在这里感谢您。感谢您的养育之恩，感谢您在我的成长道路上给予的呵护和关怀。

从我出生，成长到现在，您在我身上倾注了所有的爱。在我还不会走路，不会讲话时，您把我轻轻地抱在怀里，带我去各种地方，让我慢慢地认知这个世界。您用温柔的歌声和亲切的话语，让我感受到世界的美好。现在我已经是一名小学生了，每天早晨，您都会按时叫我起床，为我准备好香喷喷的早餐，吃完早餐后，您还会一边嘱咐我，一边去学校。虽然您已经工作一天很疲惫了，可您还是坚持每晚帮我辅导功课。记得有一次您来接我放学，天空突然下起了雨，我们没有带伞，您脱下外套，把它遮在我的头上挡雨，而您自己却被淋湿了。我看着您湿漉漉的头发和衣服，心中涌起阵阵感动。

妈妈，您的养育之恩，我会铭记在心，我会好好学习，将来做一个对社会有用的人，用自己对大家的大爱来报答您的恩情。

一个懂得感恩的人，才会在生活中这样细心发现、用心感受，将来也定能善待自己，厚待他人。学校努力培养学生的感恩之心，就是希望孩子们从小树立积极的人生观，拥有健康的心态，善于在生活中发现美好，勇于在困境中寻找希望，坦然接受各种未知的挑战。学会感恩，懂得奉献，岁月静好，生命怒放！

### （二）奉大爱，是一种积善

"去小恶而成大善，积小善而成大德"，这是中华民族的传统古训。小善，即一切有利于国家，有利于集体，有利于他人的事。学校鼓励人人争当美德少年，设置了班级小岗位、爱校护园奖、日行一善随时贴，让美德之花时时处处开遍校园每一个角落。在德育实践体验课程中，"快乐星期六"与"快乐人本营"活动让孩子们来到家乡的各大企事业单位、军营部队及福利院等，他们观摩感触、体验成长：

福利院大厅里，我们很有礼貌地轻声叫："老爷爷好，老奶奶好！"又在老师提醒下，纷纷递上各自准备的慰问品：有糕点、水果、营养品……老人们拿着东西，笑得眼睛都眯成一条线了！接着开始分别和爷爷奶奶聊天，还三五成群地表演了节目。看着爷爷奶奶乐呵呵地边吃边聊边看节目,我们心里也乐开了花。

　　敬老,是中华民族的传统美德。古话说,"老吾老以及人之老,幼吾幼以及人之幼。"是的,我们在孝敬自己长辈的同时,也要好好尊敬其他长辈。走出敬老院的大门,我在心里默念:敬爱的老爷爷、老奶奶,我们一定会再来看望你们。

　　就这样,孩子们在实践体验中领悟:"帮助别人　快乐自己"、"赠人玫瑰　手留余香"……古语云:勿以善小而不为,勿以利小而不做,积小善终成大德,积小成而成大功。奉献爱心,处处可为。

　　奉大爱,实则也是一种胸怀,一种气度。它在《中小学生守则》第一条中被表述为:爱党爱国爱人民,了解党史国情,珍视国家荣誉,热爱祖国,热爱人民,热爱共产党。大爱,始于小爱,故而学校将其更多的教育浓缩在"心怀感恩　幸福成长"系列活动中:三八妇女节行动报恩、清明节扫烈士墓、教师节一卡传情、国庆节"向国旗敬礼"、毕业季答谢母校……以及各类社会实践行动,都让学生们在不断的道德内化中"明事理、循足迹、奉大爱"。

## 第二节 慎行：做事之根

每一棵树都闪烁着生命的光华，苗壮的异彩。瞧，所有的已扎根的树木都坚信自己有立于众树之林的能力，它们从来没有片刻放弃对光和热的执著追求。树，以仰望的姿态朝天空发出邀请，它们努力向上、向上、再向上，长出嫩叶，舒展枝条！因为它们相信凭着它们那天生的、坚持向上的力量，日后定能长得又粗又壮，又高又大！

自古以来，中华传统文化就强调"为人"与"做事"，这是中国古圣先贤几千年经验、智慧的结晶。而做事之根，则强调"慎行"。一棵树若要长大，需要的是向上的坚持，而一个孩子的向上成长，也离不开做事之根的"慎行"。结合"敬、慎、勤"三字校训，培育"慎行"的南小人也是我校的德育目标之一。我们的孩子们在诸如校外基地活动等多项活动中学会了爱劳动，慎言行，乐运动。他们正是在这些活动中发展慧根，坚持向上，苗壮成长！

## 一、爱劳动

鲁迅曾说："伟大的成绩和辛勤劳动是成正比例的，有一分劳动，就有一分收获，日积月累，从少到多，奇迹就能够创造出来。"习近平主席也强调："爱劳动这一美德，它是创造一切物质财富和精神财富的源泉，也是人类一切美德的根本。"

对小学生来说，在学校的劳动是每天的值日生打扫工作，是班级小岗位的一份责任担当，是"快乐星期六"假日小队服务社区……也就是在这些一次次的劳动中，他们收获友谊，收获快乐，收获经验。

## （一）爱劳动，在班级小岗位中

为实现学生的自主管理，培养主人翁意识，学校要求每个班级每学期轮流定岗，每个学生都有在班集体中的小小岗位。每个班级可供选择的岗位有二十多个，各班也可根据实际情况自设，下面是部分岗位与职责：

晨检报送员——每天向卫生室上报健康人数、带病上课人数及病情、病假同学名单及病因；

讲台整理员——每节课后整理讲台，物品摆放整齐，桌面干净；

卫生监督员——检查全班清洁指甲、携带手帕以及桌面和抽屉的整洁情况；

衣冠整肃员——检查红绿领巾是否正确佩戴，提醒随时整理衣冠；

教室美容员——随时捡拾地面小垃圾，一天两次整理卫生角；

午餐管理员——监督每位同学轻轻用餐、残羹倾倒、餐盘摆放情况；

电脑管理员——负责教室电脑的及时开启、关闭，登记电教使用情况本；

轻轻礼仪员——监督与提醒本班及楼层所在班级同学课间文明休息；

在我校每个班级中的布告栏上，都贴有一张班级小岗位表，一个学生一个定点岗位，一个学期或半个学期一次换岗。学校《醇美少年评价手册》"月十二星"评比中有"岗位职责"一栏，通过评选小岗位上最有责任心的学生，逐渐培养孩子们乐于服务、勇于担当的意识。

## （二）爱劳动，在学雷锋行动中

"学习雷锋好榜样"不仅是脍炙人口的歌谣，更是落实爱劳动的绝佳途径，因为雷锋精神的本质与核心就是全心全意为人民服务。所以，在"3月学雷锋月"、"领巾在行动"中，孩子们不仅参与其中，更是成长其中：

3月5日，我们迎着春日里和煦的暖阳来到了南桥中街居委会进行学雷锋活动。

在两位居委会阿姨的带领下，我们被分配到了街心花园去打扫。同学们拿着扫把、抹布和垃圾袋准备大干一场。

大家三五成群分散在花园的各个角落，一边忙着捡垃圾，一边也不忘记给垃圾分类。我向四周环视了一下，突然发现了一棵低矮的小树上有一个黄色的食品袋挂在树枝上被风吹得飘摇不定。我刚想跨过围栏去捡，但又想到翻越围栏是不文明的行为。

正在为难,忽然看到一位老奶奶从旁边的小路走来。啊,原来那里有一条小径可以插过去。于是,我快步顺着小路来到那棵小树下,踮起脚把那只刺眼的黄色食品袋从树上取了下来扔进了垃圾桶。

我又继续寻找到了散落在地上的广告纸、烟头、废弃的保鲜袋等,耐心地将它们一一捡起来放进了不同的垃圾桶。才一个小时不到,我就累得腰酸背痛,不由地想:每天给城市保洁的清洁工人是多么辛苦啊!

通过这次学雷锋活动,不仅提高了我们的环保意识、文明意识,还让我们深深感受到为人民服务是件愉快的事。我们要继续向雷锋叔叔学习,多为城市做一些力所能及的事。同时我们也要时刻告诉自己,要做一个文明的少年,垃圾不落地,城市就会更清洁!

看呀,在辛苦的公益劳动中,孩子们受益匪浅:感受到城市美容师们工作的艰辛,懂得环保的重要性,立志做一个文明少年。这就是劳动服务的积极意义!

### (三) 爱劳动,在职业体验中

职业启蒙教育,是生命成长的教育载体。因此,引导学生走进各行各业,可以让学生从小树立正确的劳动态度,了解"爱国、敬业、诚信、友善"的职业素养,从而培养他们对成长过程中挫折要勇于面对,提升每一个学生生命成长的质量,为将来适应社会、成功就业夯实基础。在暑期假日小队活动中,三年级飞翔小队成员在家长辅导员的组织下参加了一次特别的职业体验。在《做一回餐厅服务员》中如此叙述:

飞翔小队的队员在爸爸妈妈的带领下来到了百联购物中心四楼的顺风大酒店,体验了一回做餐厅服务员。

首先,酒店的服务员阿姨带领队员们去体验做迎宾员,八个队员每四个排成一排,分两队站在酒店的大门口,工作人员教了我们对进出客人使用礼貌用语,"欢迎光临、谢谢光临、请慢走"等。刚开始,队员们都有点害羞,不肯开口,慢慢地都适应了,而且声音整齐响亮,连餐厅经理都对我们赞不绝口。体验完了迎宾员,我们又去体验了服务员,我们学会了上菜,端菜,报菜名及上菜的礼貌用语等,队员们忙得不亦乐乎。最后,我们又去学了怎么收拾用餐后的包房,铺桌布,摆餐具,最令队员们感兴趣的是怎么折口布花,在工作人员的指导下,我们都学会了怎么折口布花,看着餐盘上那一朵朵含苞待放的"花朵",我们的脸上都露出了满意的笑容。

通过这次职业体验，队员们懂得讲礼仪的重要性，懂得要心怀感恩，因为每项职业都不容易，还懂得要逐渐学会摆脱依赖，学会独立，不断积累生活经验。

从迎宾到端菜、报菜名、折餐花等，"餐厅服务"职业体验让新奇的孩子们全身心地投入。这是学校"爸爸妈妈开讲啦"职业启蒙教育的深入实践，它让小学生们的劳动与社会职业接轨，进一步体验到了劳动的积极意义！

高尔基说："劳动是世界上一切欢乐和一切完美事情的源泉。"学校的劳动教育从班级小岗位开始，延伸到社区、社会，从而让学生们层层深入地认识到：劳动者光荣，劳动创造文明，劳动带来"财富"，并由此产生尊重劳动者和热爱劳动的积极心态与行为，这既是培育学生健康人格的要求，也是他们今后踏上社会的需要！

## 二、慎言行

孔子曰："君子食无求饱，居无求安，敏于事而慎于言，就有道而正焉，可谓好学也已。"孔子的教育思想中强调身体力行，躬行实践，崇尚实干，慎言敏行。言与行是衡量一个人品行的标准，自古以来，人们就对学生的言行极其重视。故而，我校关注学生言行教育，并将此渗透到点滴中。

### （一）慎言行，是一种传承

在《论语》中与"言"同义或近义的字还有"辞、讷、讪、佞"等，这些词多带上了感情色彩，表达了孔子对不同的"言"的强烈态度。"行"字则在《论语》中的含义更丰富了，如行走、行事、品行等。因此，孔子认为，可以通过"听其言而观其行"进而认识他人，能把握一个人的思想、品行、追求。由此可见，言行能直接反映一个人的文明素养，也是学生应该养成的基本文明礼仪。

言行，对孩子而言，就是讲文明，就是守信担责。自古以来，君子慎言行，古有曾子的妻子为教育其子言行一致而杀猪守信，现有毕老爷就失言公开道歉、红军小学形象大使遭撤销。其实，孩子的言行很大程度受到家庭的影响。因此，我们学校每学年开展好家风好家训故事评选活动，通过讲述自己家的故事将言行教育一路传承：

## 传承中华美德

在儿子很小的时候，爸爸就告诉他：我国的水资源稀缺，人均水资源占有量少，水资源利用率低，浪费严重。水资源的浪费将会影响我们人类的正常生活。因此我们每一人都应该做到节约用水。

就这样，儿子时常把节约用水记在心上，落实在行动中。

有一次，我开着水龙头洗脸，因为要用洗面奶，我就没关上水龙头。儿子听到哗哗的水流声不断，就跑进卫生间提醒我说："妈妈，你这样洗个脸要浪费很多水呢！"说完，立刻帮我关上了水龙头。为了提醒我节约用水，儿子还画了一幅节约用水的漫画贴在水龙头上方，写上了"节约用水、杜绝浪费"八个字时刻提醒我。我这个"不懂事"的妈妈也在儿子的时刻监督下，养成了节约用水的好习惯。

还有一次，儿子将淘米水装进了一个可乐瓶。我好奇地问："你要一瓶淘米水干嘛？"儿子说，他在电视中看到这种抽水马桶节水的好办法，他也想试一试。说着，他把装满废水的可乐瓶放进了抽水马桶的水箱内，骄傲地说："这样，既不影响冲马桶，又能节约很多水，真是一举两得。"

我们常夸儿子是绿色环保的小卫士，他也在不断学习各种节能环保的小窍门。每个家庭成员都要相互学习、从自己做起，中华美德才能得到传承。

（戴飞扬家长）

## 大道之行

"君君臣臣父父子子"那一套在现在看来不合适，也太苛刻，但追根溯源，长幼有序这一概念不可偏废。但，这最基本的礼仪在很多家庭中，在父辈祖辈的溺爱中变了味。在社会容忍度越来越高的今天，连尊老爱幼都显得那样艰难。可我却始终能教导孩子何谓不敬、何谓不孝，教导她谦让弟弟妹妹。

不仅仅是对于家庭成员的尊重，走出家门，爱己也爱人是我始终坚持的。与人为善，也是于己为善。捡起超市掉落的商品，提醒遗忘了物品的客人，公交车上把位子让给老人，这些看似琐碎的小事积攒起一座良善的大厦。有多少人因小事与他人大打出手、恶言相向，应该有更多的人能够站出来劝阻，正能量的积蓄绝不是一蹴而就，己所不欲，勿施于人，应当"不独亲其亲，不独子其子"。

不仅仅是成为一个进退有度、谦恭有礼的人，莫言在诺贝尔文学奖获奖感言"一个讲故事的人"中讲到:"在所有人都在哭的时候,应该允许有人不哭。"我自诩自己有几分直爽,我希望孩子也能有分血性。站出来发出自己独立之声音很难,未来会面对的诘难、讥笑更难,但为了有一天这规则为之倾斜,那么这一切难也就有了理由。正如律法也需要与时俱进,一遍遍地修订,人无完人,不求如何飞黄腾达,但求无愧于心。

我始终恪守着自己的规则去教导孩子,希望家能够给每一个成员最深刻的归属感,至于成为一个如何谦逊、如何豪迈的人,我大可不必在意了。方向对了,哪儿都是好路。

(汤洛乐家长)

孔子在教导弟子时也曾引用过,《诗》曰:战战兢兢,如临深渊,如履薄冰,行身如此,岂以口过患哉!此处的感慨并不是意味着要畏言畏行,为保其身无所事事,而是借以教导弟子要慎言。因为在当时的社会条件下妄言妄行很可能惹来杀身之祸,甚至祸及无辜。孔子作为一个实践理性者当然希望自己的理想能通过政治和学术活动得以实现,但前提必须是慎言慎行,因为如果一个人的言行连自己的人格、性命都会危及,那就更谈不上治国平天下了,所以,言行教育在我校受到老师和家长的重视,并被用不同的方式传承下来。

### (二)慎言行,是一种习惯

就现在而言,学生在语言上存在着一些不文明的现象,比如言语污秽、出言不逊、粗鲁无礼,特别是网络语言,存在着严重低俗现象。学生行为方面,不道德和违法犯罪的现象也在一定范围内存在。虽然这些言语不至于惹来杀身之祸,但这些言行确有失风雅,要想从根本上改善这种现象,就应该从基础教育抓起。而我校尤其注重学生言行以及学习习惯的养成,特别是在学生刚入学的准备期内,关注学生的言行,用一首首朗朗上口的儿歌引导学生正确的言行。

如生活习惯"四会":

《我会摆用品》:一下课,就准备,/换书本,放桌角,/文具用品摆整齐,/积极主动不用催。

《我会讲卫生》:小茶杯,小手帕,/天天上学带好啦;/剪指甲,洗小手,/讲究卫生人人夸。

《我会理书包》:理书包,要分层,/小的软的放在上,/大的硬的放在下,/零碎物品小袋藏。

《我会用好餐》：吃饭时，不讲话，/细细嚼，样样吃；/餐盘叠齐桌面净，/饭菜尽量少浪费。

又如，学习习惯"四能"：

《我能端正坐姿》：铃声响，进教室，/身坐正，脚放平，/不乱晃，不说话，/保持坐姿时间长。

《我能专心上课》：认真看，仔细听，/不插嘴，不走神，/要发言，先举手，/听清指令动作快。

《我能规范读书》：书摊平，放桌面，/左手按，右手点；/身体坐正脚放平，/声音响亮口齿清。

孩子们在儿歌吟唱中在琅琅的读书声中，伴随着优美的旋律、和谐的节奏、真挚的情感，一言一行渐渐养成好习惯。

### （三）慎言行，是一种熏陶

在慎言行的熏陶中，学生在生活中时刻注意自己的言行，也有了自己的见解：

让人拭目以待的 2010 年上海世博会终于到了，我和爸爸妈妈一起去看世博会。

进了世博园区，我不禁赞叹道："哇！这里怎么这么干净呀！"

"我们人人都要把自己当作世博会的主人。"妈妈笑着说。

一路，我们参观了童话王国俄罗斯馆，音乐王国奥地利馆，有趣的委内瑞拉馆……

中途上厕所时的一个场景令我至今记忆犹新：我发现一位女士抽出一张擦手纸擦了擦手，又抽出一张擦了擦手，接着再抽出一些擦手纸偷偷地塞进手提包里。我赶忙走过去，对这位女士说："阿姨，你不能拿那么多擦手纸，这是让大家一起用的。"没想到，这位女士却满不在乎地说："没关系，反正多的是。"这句话，不禁让我回忆起了一件事——

去年寒假，我和爸爸妈妈去香港游玩。我们去了梦幻般的迪斯尼乐园，欣赏了美丽的浅水湾，登上高高的太平山，夜游迷人的维多利亚港……香港给我留下了干净、整洁的美好印象。尤其让我高兴的是香港所有的厕所都有卫生纸、擦手纸，让我这马大哈不再有忘带手纸的尴尬。回去时，我们乘坐广州白云机场回上海的飞机。上飞机前，我突然想上厕所，妈妈说："快去快回！"我一溜烟地冲向厕所，没想到厕所里的卫生纸都用完了,幸亏一位大姐姐的帮助,才解了我的燃眉之急。上了飞机后,我问妈妈:"为什么在香港每一个厕所都会备有卫生纸,怎么我们内地连机场都会没有卫生纸?"妈妈若有所思地说:"看来,我们内地国民的素质还有待提高啊!""哦!"我那时似懂非懂地点了点头。

而现在,我终于明白妈妈话中的含义了。小小卫生纸,从细节上体现了一个人的素质,反映了一个人的修养和品位。那些在世博园区践踏草坪的人们,翻越栏杆的人们,乱抛垃圾的人们……你们的行为都是中国人陋习的一次展示,会令我们中国人蒙羞。朋友们,愿你把有素质——言行得当,当作生活的准则,因为中国强大,有你有我,靠你靠我!

言行教育是孔子的教育活动之一,存在多种教学途径,主要内容是反对夸夸其谈、与人争辩、花言巧语、诽谤他人,孔子主张慎言敏行,认为可以通过人的言行来认识他人,主张言行合礼。"行"是德育过程的最后阶段,是学习过程之一和学习的目标,是教学的重要方法。我们今天应当加强对学生实践能力、实干精神的培养,辨证对待言语的作用,加强言行标准教育,在评价和选拔学生中要注意言行结合。

"君子欲讷于言而敏于行。"以"慎言敏行"为准则来规范言语行为,不仅是对实践行为的指导,更是在思想主张的一种外化。其实,"慎言敏行"不仅仅是提示人们应该说话谨慎,因为祸从口出,说话不谨慎,伤害自己又伤害他人。它还是一种素养的体现,一种文化的传承。我们正是通过孩子们的力量,将中华美德传承下去。


## 三、乐运动

"好动"是孩子们的天性,而操场上"汗水与笑声并存"是运动的精彩之处和魅力所在。"汗水"意味着学生们在运动时要付出自己的努力,承受一定的生理负荷;"笑声"则说明学生在运动中收获的喜悦。

### (一)乐运动,在快乐游戏中

运动的形式也多种多样,除了以课堂教学为主的体育课,每天中午的阳光活动和以体育小游戏为主的体活课,都能让学生感受到运动的魅力。

今天,午间阳光体育活动时,周老师玩了一个有趣的游戏,游戏的名字叫"两人三足"。

周老师说:"今天我们来玩一个名叫'两人三足'的游戏。游戏规则是这样的:两人一组,并排站立,把一个人的右脚和另一个人的左脚绑起来,站到起跑线前,号令一响,两人一起走到对面的栏杆前,拍一下栏杆,然后转个身,走回来,拍一下老师的手,哪组先拍到,哪组就赢了。"

我和静静一组,我趴在她的耳边,对她说:"我们先出里面的脚,一次走五十厘米左右,从左边转圈。""三、二、一,开始。"周老师一声令下,只见大家都飞快地走了出去,我们也毫不示弱,往前冲去。刚开始,我们还有点不适应,渐渐地就适应了,不但感觉一点都不困难,而且还越走越快。一路遥遥领先了,当我们转了一个圈时,见对方还在离我们比较远的地方叫,左脚,右脚,里面,外面……我见胜利在望,就加大了步伐,结果步伐不统一,差点摔倒,给了对方一个可乘之机,尽管这样,我们还是得了第一名。

在这个比赛前,我还以为很简单,现在我就不这么认为了,因为我亲身感受了这个比赛的难度。

从这个游戏中,我还懂得了一个道理,就是朋友之间要团结一致,要齐心协力地去做事,这样才会把事做好。

《古今贤文》言:人心齐,泰山移。独脚难行,孤掌难鸣。水涨船高,柴多火旺。有趣的"两人三足"游戏,不仅锻炼了学生们的身体协调性,还让他们在快乐中体会到了团结的魅力,感悟到人生哲理。

### (二)乐运动,在快乐活动中

学校倡导"我运动 我快乐"。一年一度的秋季运动会、冬季跳踢小竞技赛让学生们在学习之余投入到轻松愉快的运动氛围中。

一个冷风伴着细雨的日子,也许这种天气并不令人高兴,但我们南小的全体师生却是无比兴奋的,因为我们迎来了一年一度的秋季运动会。校园里彩旗飘飘,很快,开幕式过后,比赛开始了。运动场上掌声雷动,助威声此起彼伏,到处呈现出一派热火朝天的景象。

"各就各位——预备——"在跑道上,一百米决赛就要开始了,老师举起了乌黑的发令枪,周围的一切突然静了下来,跑道上的运动员也屏住了呼吸,全神贯注,像冲锋的战士在等待出发的号令。"嘭!"清脆的枪声传遍了整个运动场,只见站在跑道上的六名运动员,迅速而有力地一蹬腿,像脱缰的马,似离弦的箭,向前方冲去,加油! 加油! ……"观众台上一下子沸腾起来,有的挥动着胳膊,有的舞动着花束,为运动员呐喊助威。

我参加的项目是立定跳远。很快,轮到我们四年级组了。我的心里像揣了一只小兔子一样怦怦直跳。第一个跳的是我们班的李文捷,只见她双手前后甩了几下,腾空而起,然后平稳地落到了地上。过了不一会儿,就该我了。我学着她的样子,双手也使劲摆了几下,身子向前弓,努力往前跳。经过了几番拼搏,我侥幸进入了前六名,哇,太好了!

接下来的比赛是团体拔河,那真是一场激动人心的比赛。拔河比赛开始了,我和班上的许多同学一样,或多或少有些紧张。我们先和四年级三班比,由于三班高手如云,但我们也不甘示弱,老师和围观的同学当起了拉拉队,我们的耳边回响起了"四一、加油! 四一、加油!"的助威声。我鼓足了劲,咬紧了牙,用尽全身的力气拉,其他同学也和我一样。经过一番拉锯式的争夺,我们终于取得了胜利。顿时,全班同学欢呼雀跃起来。

快乐而短暂的运动会虽然结束了,但运动员在运动场上拼搏的精神,一直留在我们心中。

每年的运动会上,孩子们拼搏竞技、呐喊助威,为班集体争得名次的孩子俨然就是田径赛场上的小明星。

不仅如此,运动场上除了学生,还经常邀请家长们参与到亲子趣味项目中:跳麻袋、沙包投篮、钻呼啦圈、两人三足跑等,让体育运动的"阳光"普照开来,运动会不仅是一个竞赛的平台,更是学生展现自我的舞台,也让每个孩子在不同形式的运动中,爱上运动,享受运动。

第三节　勤学：为学之根

经历了风，经历了雨，经历了严寒，经历了酷暑，在不知不觉间，有一天我们会猛然发现那些树长得又粗又壮，又高又大。它们蓬勃昂扬，顶着簇簇绿叶，遮天蔽日，为脚下的土地撑起一片阴凉，也为在树上栖息的鸟、虫、蚂蚁、松鼠等阻风避雨。

巴金说："生命的意义在于奉献而不在于享受，人活着正是为了给社会增添一点光彩，只有这样，我们的生命才会开花结果。"莎士比亚也说："上天生下我们，是要把我们当作火炬，不是照亮自己，而是普照世界。"是的，树，就是这样以它蓬勃的姿态向世人展示着它成长的意义！而我们培育的南小学子，必将也是蓬勃的。

如果说"敬贤"的南小学子是扎下善根，懂得"为人"；"慎行"的南小学子是发展慧根，学会"做事"，那么"勤学"的南小学子则是崭露心根，善于"为学"又知道"反哺"的。"勤学"不仅仅在于会学习，喜探究，能审美，更在于他们勤思考，广兴趣，他们会为他人尽一份绵薄之力进而反哺社会。

## 一、会学习

学习，是通过阅读、听讲、研究、观察、理解、探索、实验、实践等手段获得知识或技能的过程，是一种使个体可以得到持续变化（知识和技能，方法与过程，情感与价值观的改善和升华）的行为方式。

大多数人往往会认为学习就是学课本上的那些知识，其实并不然，学生要学习的东西有很多，有必要的基础知识，更有形成文化精神所需要的各种知识技能，总之德智体美劳样样要全。毛泽东曾说："读书是学习,使用也是学习,而且是更重要的学习。"学校要教会学生的,不仅仅是书本上的知识,更要"授人以渔",教会学生学习的方法,能让他们走出校园,运用所学,造福自己、造福他人。

(一)学习,内容不局限于课堂

会学习,表现在学习的内容,不仅仅是课堂上一板一眼的基础知识理论,更在于怎么去学习,学好知识,培养礼仪,培养习惯,真正做到"会学习"才是南桥小学对每个学生的用心之处。班级醇美少年评价"月十二星"和"活动参与"两大项评比体现了这种思想:

轻轻礼仪——课间轻轻、路队轻轻、集会轻轻

学习成长——高效作业、积极发言、课外积累

服务意识——岗位职责、劳动光荣、助人为乐

生活习惯——光盘达人、洁美个人、环保卫士 (《月十二星》)

参加指定活动——组织集体活动——主动参与活动 (《活动参与》)

南桥小学给每个学生设计了一张漂亮少年评价表,其中大多项目都是鼓励孩子爱学习,不仅仅是课内校内,更是课外校外,要从学校起始,走出校门,面向社会,全方位地学习新知,收获新知。

(二)学习,地点不局限于课堂

会学习,不仅能从日常课堂中学习到书本知识,更能从学校、社会组织的一次次活动中,有所感悟,有所收获。南桥小学的课外活动一直是备受赞誉的,学校的快乐星期六小队活动、校外基地活动等,让学生们走出课堂,走向社会,从参观实践中受益无穷。瞧,参观了神力科技公司的学生这样说道:

2016 年 5 月 27 日下午,我们在老师的带领下参观了神力科技公司。它是一家新能源高科技企业,以氢质子交换膜燃料电池技术、全钒液电流储能电池技术,目前,它是中国燃料电池技术研发和产业化的领先者。

进入参观大厅,一辆崭新的电动氢气车映入眼帘,讲解阿姨告诉我们,这种车一般安装了一至两个氢气罐,氢气罐排出的物体是纯净水,可以分解饮用。之后,我们又来到生产车间,车间里停放了游览车,等同学们都争先恐后地上了车后,阿姨告诉我们,

这可不是普通的游览车，而是安装了四个氢气罐的氢气车，但是跑起来的速度可不比那些普通汽车慢，而且噪音很小，也不会排放有害气体，还能节约能源，这真是太棒了！

先进的科学技术能给我们的生活带来很多便利，同时又能保护好生态环境，所以我们要学好基础知识，为将来研究创造新科学打下基础。

正是这样，学校借助一次次的社会实践活动，让孩子们不断地学习、体验、成长。

### （三）学习，形式不局限于课堂

结合暑期"亲子电影阳光行"活动，学校曾提出：每位南小学子要和父母观看一部世界反法西斯战争影片。学校提供选看片名为：《解放》、《老枪》、《瓦尔特保卫萨拉热窝》、《虎口脱险》、《安妮日记》、《六月六日登陆日》、《恶之花》、《狙击手》等，要求一至四年级学生利用雏鹰假日小队活动交流观影感受，五年级学生全家动手撰写观后感。

爱憎与期盼在孩子们的笔尖流淌：

暑假中，我和爸爸妈妈一起观看了一部战争影片《虎口脱险》。这部法国经典喜剧电影用特殊的视角让我了解了二战时的另一番景象，让我在捧腹大笑之余钦佩战士们的反法西斯斗争的机智勇敢。

观看了《安妮日记》，我的心情久久不能平复。我感叹安妮的勇敢不屈，战争能摧毁一切，唯独不能侵占一颗坚强、勇敢、自由的心……我祈祷：世界永远不要有战争！也愿自己像安妮一样勇敢、自信！

通过观影、交流感受、撰写观后感，孩子们学习的场所超越了课堂与校园，形式也变得更为丰富。

会学习，其实是一种态度，一种方法，一种技能；是南桥小学的校训三字经中"敏于学，学无境，多思考，忌惰性，读好书，勤为径，善交流，共长进，学艺趣，多悟性"的学习；更是全方位的多样化学习。孩子们以学校为起点，走出校园，走向社会，他们在系列实践活动中成长：电影阳光行、快乐星期六、校外基地、节文化课程……

## 二、喜探究

探究，顾名思义就是探索研究。探究，亦称发现学习，是学生在学习情境中通过观察、阅读,发现问题,搜集数据,形成解释,获得答案并进行交流、检验、探究性学习。

亚里士多德曾说:"古往今来人们开始探索,都应起源于对自然万物的惊异。"强调探索意义的同时,也不可忽略所接触到的"自然万物"。那么对于学生而言,能有机会接触到"自然万物"就显得尤为重要。也曾有人说:"学和行本来是有联系的,学了必须要想,想通了就要行,要在行的过程中才能看出自己是否真正学到了手。否则读书虽多,只是成为一座死书库。"因而,我校在"敦品重学,文博雅美"办学理念下,也特别强调"活动育人"。让孩子在活动中启迪智慧、在活动中体验童趣、在生活中快乐成长。也正是在一系列的社会实践活动中,孩子们亲身参与实践,在开放的学习情境中获得亲身参与实践的积极体验和丰富的经验的同时,也获得对自然、对社会、对自我之间的内在联系的整体认识,形成亲近自然、关爱自然、关心社会以及自我发展的责任感。也正是在活动中,他们践行着"勤学"这一为学之根,成为不仅"会学习"而且还"喜探究"的南小学子。

### (一) 探究,是获取知识时的快乐

南桥小学立足于奉贤实际,挖掘乡土资源,借助我区农村的广阔农田、传统习俗及自然资源,如学校借力"上海都市菜园"这一独特地方资源,带孩子们进行"都市菜园"体验型校外教育活动,引导孩子们发现并感受科技的力量,从而进一步培养学生爱科学、爱学习之情。

在参观都市菜园之后,夏炎同学在参观日记中这样写道:

令大家奇怪的是,在这些蔬菜中居然布满了许多小圆柱和水管,有一些植物直接从这些圆柱和水管中长出来,有些蔬菜的根直接扎到营养液中,并没有接触土壤。经过技术员叔叔的提示,我们的仔细观察分析,发现原来这些圆柱和水管里面充满了一种液体,技术员叔叔告诉我们那是营养液,正是它们为园子里的蔬菜输送养分,才令蔬菜茁壮成长。原来这就是"无土栽培技术"呀!

陈伊爽同学更是用诗情画意的语言这样描述:

我们惊讶地发现:有的南瓜"从天而降",藤蔓居然升到了屋顶;鸳鸯梨的底部却长着特殊的西瓜纹;樱桃番茄看起来既像樱桃又像番茄,迷你可爱;一个个红通通、黄澄澄的朝天椒拔地而起;还有各种鲜花香气四溢,弥漫在玻璃房的空气中……这真是一个"奇异的菜园"!

### （二）探究，是在碰钉子之后的思考

在社会实践活动中，对于孩子来说比较难的可能就是如何进行有效的社区问卷调查了，正如吴周涛同学所说：

"原来以为很容易，就是到有关部门问几个问题，找些资料，拍点照片，整理一下就差不多了。可是，没有人为我们引荐，有关部门负责人根本不理会我们；不清楚要采访部门的地址，跑了很多冤枉路；调查对象们也不合作，怕我们坏了他的'生意'，一路上我们只能偷拍。尽管这些'不利的环境'是对我们的一个挑战，但是我们也知道了，今后在开始调查前一定要先了解社区服务和社会实践中可能会遇到的各种问题，先想好问题解决的策略，就不会像现在这样茫然不知所措了。"

然而一旦对遇到的困难进行思考，进而形成应对的方式方法，那么孩子们的收获将是满满的，李国申同学在调查日记中就写道：

通过本次社会实践活动，一方面，我们锻炼了自己的能力，在实践中成长；另一方面，我们为社会做出了自己的贡献；但在实践过程中，我们也表现出了经验不足，处理问题不够成熟、书本知识与实际结合不够紧密等问题。我们回到学校后会更加珍惜在校学习的时光，努力掌握更多的知识，并不断深入到实践中，检验自己的知识，锻炼自己的能力，为今后更好地服务于社会打下坚实的基础。

### （三）探究，是在接受新的生活理念

在"绿色环保"系列活动中，孩子们通过观察生活中的种种妙招，践行也传播着绿色环保的生活理念。杨韩韩同学就将这一发现记录成文：

#### 节约用水之妈妈的小妙招

星期六，我坐在阳台上读书。不一会儿，妈妈也来到阳台上，把一盆白色的水浇到花盆里。我疑惑不解地问："妈妈，今天浇花用的水怎么是白的？""因为我们要节约用水啊。"她说，"这是我们淘米的水，淘完米还可以用来浇花呢！"哦，原来如此！水淘完米后，还有这个用处呀！那么用淘米水浇花是不是有什么特殊的效果呢？想到这些，我又问："妈妈，用淘米水浇花会怎样呢？""淘米水里有很多的营养成分，你看，我们家的花是不是花朵显得很大啊？"的确，那一盆盆月季花，绿叶肥嫩，花色鲜艳，朵朵都是

又大又嫩呢,这下,我顿时茅塞顿开了,淘米水真是功不可没呀!妈妈的小妙招真棒,既让花盆里的花长得更好,又节约了用水,真是一举两得。

傍晚,见爸爸要做饭了,淘完米,他正准备把水倒掉,我连忙阻止道:"爸爸,别倒!我们要节约用水,淘完米的水还能浇花,你要向妈妈学习她的小妙招!"爸爸听了,竟像个做错事的小学生,满脸通红,支支吾吾地不知该怎么跟我解释,只好自我解嘲道:"好!好!就你妈厉害!"惹得我和妈妈哈哈大笑。

从妈妈巧用淘米水,我知道了:虽然我们的生活富裕了,但是还要注意节约用水。因为地球上的水资源是有限的,节约用水,人人有责,让我们一起节约用水,当一个好市民吧!

学校科技节"纸有我型"废纸魅力创意活动中,孩子们个个展开想象的翅膀,用各种废纸废盒制作出一个个形态各异的手工作品。活动不仅丰富了孩子们的创作灵感,培养了协作精神,还让孩子们在探究中真正发现了"废纸"既可以美化我们的生活,又可以让我们心灵手巧。孩子们在提高环保意识的同时,也更理解了"低碳"生活的含义。盛欣同学就结合自己的手工作品写下了这段感悟和倡议:

### 变废为宝　过"低碳"生活

平时勤动手动脑,让旧物换新颜,也可以实现"低碳"。

一般我们家中都有很多废弃的盒子,如肥皂盒、牙膏盒等,其实稍加裁剪,就可以轻松将它们废物利用,比如制作成储物盒,可以在里面放茶叶之类的物品;每家每户几乎每天都要喝上一盒盒装牛奶,而牛奶被咽下肚后,就只剩下孤零零的盒子了,许多人总是随手就把它们扔掉,但是,一个更好的方法会让它们起到环保的作用。首先,把盒子洗干净,然后,用小刀小心翼翼地把盒子的顶部切下,然后盒子就变成了一个没有盖的长方体,接下来,你要做的就是:找一张漂亮的软纸把它给包起来,接着,你或许可以在上面画一些花纹,它就会变得更漂亮,最后你把它立在桌子上,牛奶盒就会摇身一变,变成一个可爱而美丽的笔筒了!有些时候,我们家里都会出现一些大小不一的废弃纸桶,那时候,我们就可以大显身手了!可以将筒内的杂物取出,做成一个个引人注目的垃圾桶,这样,不就又做到"低碳"了吗?

同学们,从我做起,从节约一滴水、一度电、一方气做起,让你我携起手来,共同开始低碳生活!宣传低碳生活!保持低碳生活!

"喜探究"的勤学精神不仅能让孩子们的学习能力得到提升,还能让孩子们固有的道德认知水平、行为习惯、团队精神、集体意识、协作沟通能力、创新能力等都得到了提升,而这不也正是学校"文博雅美"办学思想的体现吗?好奇的目光常常可以看到比他所希望看到的东西更多,那么,就让我们的孩子到更广阔的空间里去,在活动中喜探究、乐思考、会体验,成为真正"勤学"的南小学子。

## 三、会审美

艺术是充满情感的语言,一切有效的艺术表达,都需要恰当的语言。音乐是有旋律的语言,美术是有色彩的语言,文学是一门包含情感的语言。从艺术生产的角度来看,任何艺术作品都必须具有以下两个条件:一、它必须是人类艺术生产的产品;二、它必须具有审美价值,即审美性。课程是落实艺术教育的主渠道,南桥小学注重从课程特色建构的角度来审视课程文化,努力将艺术传统特色进行课程转化。我校主体建构了"树"课程体系,明确了"课程即根系、课程即能量交换、课程即旁逸斜出"的概念转化,设置了"多元发展,个性张扬"艺术课程,为学生的发展提供多元的课程载体,养成"文雅、优雅、儒雅"的气质内涵。

### (一)学科拓展,打下扎实基础

南桥小学在开齐开足艺术类课程与不随意增减课的同时还坚持以学生"五会"技能为突破口,在艺术类学科教学中进行拓展与运用,提升学生的艺术修养与技能。"五会"即"会唱民族歌、会跳民族舞、会吹民族曲、会画黑白韵、会讲贤人事"。硬件上,学校投入大量资金用于完善专用教室设施,购置舞蹈服装、管乐队乐器等材料。目前,学校的美术教室、书法教室、音乐教室、舞蹈教室等专用教室和多功能大厅设施齐全,功能完善,为我校艺术教育工作的开展提供了坚实的物质基础。

教学上,南桥小学将集体教学与小组活动相结合,有意义的接受式学习与探究式学习相结合,使学生在和谐、平等、协商的氛围中进行学习,构建全新的艺术教育模式。在重视音乐、美术学科教学的同时,强调学科间的渗透甚至融合,要求各学科都要结合教学渗透审美教育和审美能力的培养。对于语、数、外等其他课程,也充分挖掘其中的

艺术教育资源,采取艺术化的教学方式。语文中小说、剧本、散文和诗歌蕴含着艺术形象的美和深远的意境美:

如《黄果树瀑布》一课,教师把音乐、美术(视频)有机地融合在一起,配上感情朗读、深情讲解,学生不但加深了对课文的理解,还获得了美的感受,领略了自然美、音乐美、画面美、语言美,同时激发了丰富的想象力。

又如,数学中蕴含着寓意美、推理美和思维美,这些都在课堂教学的过程中得到教师的充分利用和发挥。在教学过程中,教师注重教学艺术表现形式的多样化。具体表现在:教学氛围的和谐之美,教学过程的节奏之美,教学语言的生动之美。

教学作为一门艺术,其过程也可给学生以艺术之美的享受。南桥小学优化国家课程,将艺术教育融入其中,是促进艺术教育发展的重要环节,使学生既增长了知识、提高了能力,又夯实了艺术基础。

### (二) 主题活动,培养德艺双馨

我校是上海市民族精神教育实验校,学校主要以家乡"贤文化"为主线,围绕"敬、慎、勤"三字校训,以培养南小学子"爱国爱家、敬老尊贤、敬崇艺术、博学慎思、慎独自律、勤恳诚实、勤劳刻苦、勤思创新"为目标,构成学科教学中渗透"知贤",主题教育、活动体验中实践"敬贤"、"学贤"的操作模式。

学科渗透"知贤",主要通过奉贤区"贤文化教育读本"中一个个鲜活的人物,挖掘典型人物(包括奉贤名人),告诉学生这些人物的事迹、品德、著作和小故事,感受精神,从而树立榜样,确立目标。主题教育"敬贤",利用班队会课、升旗仪式、午会课等时间对学生进行校史、乡情、贤人品德等教育,并通过讲故事、小品表演、朗诵等形式再现贤人品质,从而感悟贤人的高尚。

如《青藏铁路首任设计者——庄心丹》一课,教学目标是:通过走近庄心丹,激发爱国情怀;了解庄心丹,激发崇敬之情;学习庄心丹,敢于挑战、创新;运用警句格言,激励自己言行。

通过对家乡贤人庄心丹的认识和了解,激发学生热爱家乡、热爱祖国的感情。同时引导学生学习庄心丹克服重重困难的坚持不懈的精神,教育学生从小要树立远大的理想,崇尚科学,执着创新,做自强不息的好少年。培养学生崇敬贤人、热爱祖国、勇于创新的精神,并能在学习生活中化为具体的行动。

活动体验"学贤",通过四大传统节(艺术节、读书节、体育节、科技节)活动、民俗节日文化活动、仪式教育活动、"走进贤城，学做贤人"活动等，了解传统节日中蕴涵的传统习俗和传统道德，了解家乡贤人，领略家乡魅力。

10月21日秋风送爽，丹桂飘香，九九重阳已经来到。为了弘扬中华传统文化，感受重阳节风俗，传承尊老敬老的优秀品质，南桥小学开展了重阳节主题教育系列活动。在活动期间，各年级的学生都纷纷行动起来：有的登高望远，亲近大自然；有的现场挥毫，书写重阳节诗歌作品；有的集体作画，描绘敬老、爱老画面；有的编排节目、准备礼物，与受邀来校的爷爷奶奶们共度佳节……

就这样，学生在活动中感悟与学习古贤人的传统道德，在实践体验中学习家乡贤人的高尚品德。

### (三) 快乐百分,张扬个性特质

学校课程的设置与开发，倡导道德与智慧的同步成长，倡导个性特长的发展，注重选择性与特色性。在"艺术之苑"课程设置中，采用了"主题拓展、年级滚动、校级走动、活动展示"的形式。这四大形式的课程既相对独立，又相互联系，共同作用于学生，促进学生艺术素质及其他素质的全面、和谐发展，为学生走向社会积淀了厚实的艺术素养。其中主题拓展，即在基础课程中增设一节学科主题拓展课，其侧重点在艺术知识和艺术基本技能的训练延伸。而校级走动，即利用"快乐百分"课程和"艺趣叁叁零"社团课程，开设了"中华鼓、合唱、舞蹈、儿童创意画、素描、十字绣、板画、水粉、名著阅读、童谣、文学诗歌社"等，以趣促能，形成个性特长。

如三年级唱歌课《猫虎歌》，这首歌曲刻画了猫和老虎的生动形象。陈佳老师引导学生在音乐感受、体验、想象、理解的基础上，让学生欣赏了一段绛州鼓乐《老虎磨牙》，这个作品集中了"花鼓戏"的精华，表现的是老虎兄弟俩一觉醒来，仰天长啸。他们威风凛凛走到河边，找到岩石，张开大嘴"霍霍"磨起牙来的场景。表演时演员们的击鼓运用了檫、挑、敲、碰等"花鼓戏"。演奏法变化多样，听来趣味盎然，饶有风味，将老虎磨牙的形象表现得活灵活现。于是陈老师将两个十八寸的大鼓搬进了课堂，让学生分两组尝试敲击鼓的各个部位，如鼓皮、鼓框、鼓边、鼓架、鼓钉等等，然后将这些声音组织起来创编成猫和老虎在较量时的场景，部分学生还为音像作品配上了其他小乐器以及独白，让整个"猫和虎"的作品生动极了，学生们也乐在其中，印象深刻。

同时,学校每年开展的"校园艺术节"、"六一庆演",以及各类校外竞赛与展演活动,也让学生们充分展现特长、张扬个性。

### (四) 搭建艺能展示平台,享受"艺趣、雅致"的校园生活

丰富多彩的艺术活动能启发学生发现美、感受美、创造美,能培养他们的艺术情趣,开发他们的创新思维,并在艺术熏陶中达到情商与智商的协调发展。南桥小学以"1223"艺术系列活动为载体,丰富校园文化,提升艺术涵养,让我们的孩子享受"艺趣、雅致"的校园生活。

——"1"即每年一次的艺术主题周活动,以"艺术小达人"擂台赛为主要形式,挖掘器乐、声乐、舞蹈、绘画、书法等艺术人才,开发潜能。

——"2"即"礼仪行动工程"与"中华经典演绎工程",以礼仪规范、形象展示、经典诵读、经典欣赏、经典表演等为主要形式,提高内在修养、高雅气质与艺术审美能力。

——"2"即传统艺术节与读书节,以品、悟、唱、演、绘等为主要形式,提升创造美、演绎美的能力,感受艺术的真谛与魅力。

——"3"即"作品联展、环境展评、社区展演",以学生作品展示、校园艺术环境评比、面向社区家长展演等为主要形式,让活动艺术化,艺术生活化,让我校的孩子拥有更多丰富的艺术经历,展示他们的艺术才华,树立更强的信心。

# 一棵树的养料

一棵树的生长需要阳光、空气、水和土壤。学校课程就是为孩子们都成为一棵树提供养料。以德为先、以品为重、以健为基、以智为根、以艺为长的"树"课程,内含树根课程、树干课程、树枝课程和树叶课程,为每个孩子的生长提供多元的营养。

## 第一节 最重要的是根性培育

一棵树的生长,离不开阳光、土壤与养料。根是一棵树的开始,是一棵树的基础,也是一棵树最不能缺少的部分。参天大树能经受风雨的侵袭,是因为它深入土壤强而有力的根系;百年老树能长得郁郁葱葱,是因为树根不断汲取土壤中的养分。而南小这棵具有两百多年历史的大树,正因为它的树根课程,才得以扎根土壤;正因为它的树根课程,才能够支撑粗壮树干的生长;正因为它的树根课程,才能为蓬勃生长的枝叶提供养料。

## 一、树根课程的内容

树根课程是指所有儿童都要学习的基本课程和学校开展的德育活动。

我们学校设置了相应的基础课程,包括语文、数学、英语、品德与社会、自然、唱游、体育与健身、美术、信息等科目,在新课程理念的引领下,扎实有效地进行教学,传授基础知识,培养基本能力,培育最坚实根基之慧根。在此类课程中,我们既培养学生的学科素养,同时,借助学科特性培养学生的部分核心素养,如身心健康、文化学习、关键能力、表达沟通、创新思维等。

### (一)智慧之根

1. 语言表达与交流智慧

人与人之间的沟通与交流离不开语言的表达与传递。语言,便是让人们获取信息,获取更多知识的渠道;语言,更是人们化解误会、建立和谐的桥梁。学会如何表达就是让学生通过课程运用母语,学习外语,将语言化作与人交友的工具,将交流变得更加有智慧。

例如学校的各项基础课程类型,坚持将学生的"语言表达能力"作为重点培养的能力之一。语文教研组多次将说话练习的培养、语言表达能力的培养作为教研组研究重点。学校还开设外教课、英语口语社团等课程,提升学生的表达能力。

2. 数学思维与逻辑智慧

如果说语言表达与沟通交流是一种感性认识生活的方法,那么数学思维一定是让学生学会理性判断的桥梁。当遇到问题时,如何分析情况,判断环境便是一种理性的思维;当遭遇挫折时,如何解决问题,化险为夷便是一种智慧的象征。在校园里,让学生学习数理知识,培养逻辑思维能力就是让学生通过理性认知世界的一种方式。

例如除了在基础型课程中培养和锻炼学生的数理能力与逻辑思维外,学校还开设了周五下午的拓展型课程,其中有不少这方面的训练,如思维拓展、逻辑训练等。学校近年来还致力于机器人课程的开设,在短短几年间,已有不少学生在各种赛事中取得不俗的成绩。

3. 艺体技能与创造智慧

有人说,按部就班的生活是枯燥的。那么,艺术与体育便是让每天一成不变的生活变得有一丝新鲜与惊喜的添加剂。学习技能,掌握一技之长,在熟能生巧的基础之上,学会创新,不断创造。这便是一种创新的智慧,这也是一种创造的潜力。在校园里,让学生受到艺术的浸润,让学生感受体育的魅力,这便是课程设置的用意。

近年来,我校积极努力探索,《创意折纸》作为我校的拓展性校本课程在有声有色地开展着。在学习传统折纸方法的基础上,我们的教师给予学生多种启迪,充分发挥学生的个性特长,让他们能够创造性地运用各种材料表现与众不同的作品。以下为部分折纸课程简介:

| 单元题目 | 课序 | 课文题目 | 内容提示和目标指向 | 学习目标 | 评价说明 |
|---|---|---|---|---|---|
| （一）基础篇 | 1 | 创意折纸介绍 | 欣赏折纸作品,了解创意折纸是创造性地表现作品。了解折纸符号与折纸工具。 | 1. 了解创意折纸,激发兴趣。<br>2. 教会学生识别图纸线条、箭头灯的含义,按折纸的步骤图进行基础折法练习,为后面的自学过程图作铺垫。 | 1. 以激励性评价为主。<br>2. 遵循求实创新的原则。<br>3. 进行开放式评价:对学生学习热情、专注程度、持久能力、兴奋程度、快乐指数等予以评价。在评价的过程中,关注学生学习的主人翁地位,给学生以充分的独立思考与表述的时空。 |
|  | 2 | 基础折法（一） | 双三角形与双正方形的折叠,并进行简单的创新。 |  |  |
|  | 3 | 基础折法（二） | 单菱形与双菱形的折叠,并进行简单的创新。 |  |  |
| （二）节日颂 | 4 | 保护绿色 | 本课是折、剪的结合,在树的表现上进行了思维的拓展。 | 1. 知道树木为我们提供生命所赖以存在的健康与财富。<br>2. 学会用对折及折剪结合等方法表现作品,渗透创新意识。<br>3. 知道不同的色彩有不同的感觉,知道根据作品的内容选择颜色。 |  |
|  | 5 | 彩蝶飞飞 | 感受对折的妙用。关于蝴蝶的折法有许多种,教师可以引导与拓展。 |  |  |
|  | 6 | 变变方盒 | 立体类的折叠有一定难度,可以运用折拆组合的方法,小组成员要探究合作。 | 1. 让学生感受日益恶化的地球生态环境,激发保护家园的意识。<br>2. 运用小组探究与合作的形式进行立体与半立体作品的创作。 |  |
|  | 7 | 变废为宝 | 知道不同废旧材料的运用。教材中展示了蛇的制作方法,可以变化成其他的。 |  |  |
|  | 8 | 水中金鱼 | 用不同色彩表现河水。 |  |  |

4. 身心发展与行为智慧

真正的健康不仅在于生理,更在于心灵。如何看待挫折、失败、机遇、挑战,这都在无形中影响着一个人的成长。身心全面健康发展,便是南小树根课程中的一部分,直指学生行为导向,让他们学会处理问题、解决问题、面对问题。

我校在每周午会时间安排心理健康课程,并引进《小学生心理健康自助手册》教材,根据不同年龄层学生的特点,进行分年段的课程开设。如低年级段的"上课这回事""请牵我的手""'分数'和我"等。同时,学校还创设专门的心理咨询室,配备值班教师,学生可在心理咨询室中与教师进行沟通、交流,说出心中的困惑与忧愁;学校还定期输送教师进行心理咨询师培训,让心理咨询的队伍更加壮大、更加专业,保证南小学子的身心健康。

**(二) 心灵之根**

学校依据"敦品重学、和谐发展"的办学理念与"敬、慎、勤"的校训,围绕学生发展最需要关注的品德素养开展各类德育活动课程,包括行规教育、理想教育、民俗文化教育、校史教育等,努力培养"爱国爱家、敬老尊贤、尊重学问、恭敬有礼、敬崇艺术、博学慎思、慎独自律、谨慎持重、勤恳诚实、勤劳刻苦、勤勉自强、勤思创新"的南小人,培育最坚实根基之善根。

1. 爱国爱家与校史教育

爱的源头是感恩情,是回馈心。国家就好比整片森林,家庭、校园是一棵棵参天大树,有千万棵树木的生长,才有整片森林的郁郁葱葱。爱国是一件具体的事,从源头考量,就是要从小爱家、爱校、学会感恩。校史课程的设置就是让学生了解学校历史,熟悉校园文化,让学生从小对校园的一草一木产生热爱之情,养成良好的道德品质,从而树立远大的志向与爱国理想。

南桥小学是一所拥有二百多年历史的百年老校,对于其校园发展的探索、校园历史的追溯,是学生们了解学校的重要方式。为此,我校创设了校史课程,让学生做引导员,介绍校内外的各界人士。通过学生的介绍,通过参观校园档案馆来认识学校、爱护学校,从而培养学生正确的价值观。

2. 敬老尊贤与"贤文化"教育

"奉贤"有着悠久的历史,历史上不乏一些贤人的事迹值得学生去识记诵读,这就是"敬贤"——尊敬贤人,以贤人为榜样;而家家都有老人,人人都会变老,只有尊敬老人,孝顺老人,我们的社会才会变得更美好。这便是开设"贤文化"课程的意义。

校园身处奉贤，学生身在奉贤，就免不了对奉贤文化的了解与学习。学校在每周周五的午会课设置了"贤文化"课程，配以相关的课程教材，让学生学习贤人、认识贤人、感受贤文化。附贤文化课程教案：

《敬奉贤人见贤思齐》——南桥小学"贤文化"读本专题教案

| 课题 | 坚贞不屈的革命烈士　沈志昂 |
|---|---|
| 教学目标 | 1. 通过讲家乡的贤人故事，让学生受到英雄事迹的熏陶和教育，激发他们的爱国情怀，树立起自己的理想。<br>2. 通过教育，让学生感知今天的幸福生活来之不易，是无数革命先烈用生命和鲜血换来的，先烈们的精神永远值得我们学习。 |
| 教学过程 | 一、谈话引入，揭示课题<br>师说：清明节是我们纪念祖先的节日，主要是祭祖扫墓。小朋友们，我们在追思先人的同时，没有忘记为我们的祖国流血牺牲的革命先烈们，我们看到很多人自发地在烈士纪念碑前扫墓献花。在战争时期，中华民族涌现出了很多革命英雄，在民族危亡的时刻，他们用自己的肩膀担起了革命的重担。你知道哪些革命英雄呢？（学生交流）<br>二、听故事，了解"沈志昂"其人<br>听沈志昂故事，说说他是个怎样的人？<br>三、感悟贤人品质、体会贤文化内涵<br>1. 师：刚才，我们认识了奉贤贤人沈志昂，像他这样的贤人，奉贤还有很多。你还知道哪些贤人？他们的事迹你知道、了解多少？（交流）有唐一新、丁锡三、赵天鹏……<br>2. 现在，我们已经认识了这么多的贤人，知道了这么多的英雄事迹。请你谈谈自己的感想及今后的努力方向。同桌讨论，交流感想。<br>3. 最后，让我们一同朗诵诗歌《英雄赞歌》<br>四、总结全文，寄予希望<br>师：今天学习了我们奉贤南桥的贤人——沈志昂，他为革命献身的精神让我们永远难忘，我们今天的幸福生活来之不易，是无数革命先烈用生命和鲜血换来的，希望你们能发扬先烈们的革命精神，在今后的学习和生活中做一个正直无私的人，长大为祖国做贡献。 |
| 效果感受 | |

3. 尊重学问与职业教育

三百六十行，行行出状元。尊重不同职业，了解众多行当，对不同职业产生兴趣，平等对待每一位从业者，从而初步有选择职业的意识，便是职业教育想让学生形成的初步想法。

近年来，南桥小学开设了"爸爸妈妈开讲啦"课程，每学期每个班级邀请班级中的家长前来给学生讲课,主要谈谈自己的职业内容、职业体验等,让学生从小学阶段开始了解不同职业,从而形成初步的职业意识。

4. 恭敬有礼与民俗文化教育

传统文化的珍贵之处不仅在于它的内容,更在于人们对它的传承、包容与尊重。传统文化教育,能够让学生学习不同民俗文化,了解不同风俗,对传统文化产生兴趣,对民俗民风产生理解。而传统文化的重要内容之一,便是我国文化中的"谦卑"、"有礼",让学生从小耳濡目染,做一个尊师重道、守信有礼的人。

## 二、树根课程的实施

南桥小学树根课程的实施,就好比树苗长成参天大树的过程,重在树根课程的扎实稳固,以确保学有所得、有效教学;重在树根课程的深度广度,以确保学以致用、解决问题;重在树根课程的关联关系,以确保举一反三、融会贯通。

### (一) 扎实

只有树根扎实,才能枝繁叶茂。只有树根扎得够实,种得够严,树木才不怕风雨飘摇。寒潮来袭,唯有树根扎实,才能抵御严寒;旱热入侵,只有树根扎实,才能抗击炎热。南小的学子,期待他们如树根一般扎实,如扎实的树根一般拥有稳定与坚持。

我们的课程实施首先要做到"扎实",让每个孩子的课程实施都真实有效,都脚踏实地。不走马观花,不形式主义,让每一次的树根课程都扎根孩子心中,让每一次的课程收获都在孩子心中萌芽生长。

### (二) 深度

树根的深度决定了它的高度。抓地力够深,树的根须才能够越长越广,越长越茂。有人说,树根有多深远,树枝就有多繁茂,想要拥有参天般的高度,就要先有直入地底的深度。

树干课程的实施,更是应与树根的深度一般,不流于表面,不浮于形式,而是真正地、切实地让学生学有所得、学有所长。

## （三）关联

团结力量大。树根的盘根错节让树木之间有了依靠与关联，让树木之间有了相互支撑的后盾。这是树与树之间的关系，这是林与林之间的联系。这是知识之间的相互关联，这也是课程之间的互相融通。举一反三、学会创新，这便是树根课程设置的目的，这也是学校对每个学生的期许。

## （四）融合

树根的融合便是树与树之间的融合。融合使树木更壮大，融合使树木更坚强，融合使树木更有力。树干课程之间的联系便是寻求达到一种融合与贯通，让知识的联系性更紧密，让知识的有效性更突出，让学生在学习不同树干课程之后能够有效融合，学会贯通，让他们的知识力量更加强大。

## 第二节　最有效的是实践体验

树干课程——为儿童的健康成长提供了支持的力量。粗壮挺拔、蓬勃向上的树干就是培养学生面对社会的主要能力的课程，即安全教育、健康教育、环保教育等专题（实践）教育课程，培养学生社会适应能力，帮助他们认识多彩社会、体验多味生活。

岁月流逝，流出一缕清泉，流出一阵芳香；齿月年轮，南小这棵百年大树愈发展现光彩。流淌过悠悠岁月，洗尽了人间铅华，南小这棵百年大树也就更加焕发光芒，散发奕奕风姿。百年大树的树根，深深扎于土壤中，那么执着、那么坚不可摧。有了树根的滋养，树干慢慢地生长着，愈发挺拔，愈发粗壮……

对一棵树而言，树干就是从下到上的支持；而对孩子们而言，树干课程便是那些让他们从学校到社会的"支撑"。就像笼中的鸟儿向往浩瀚广袤的蓝天，学校中的孩子们也期待着展翅高飞、自由追梦的那天。

## 一、树干课程的内容

树干课程包含了专题聚焦课程和实践体验课程。专题聚焦课程指的是培养学生面对社会的主要能力的课程，即安全教育、健康教育、环保教育等专题（实践）教育课程。实践体验课程包括与共建单位合作建设的基地实践体验活动、小博士工程和雏鹰假日小队探究活动。

### (一) 专题聚焦课程

终有一天,我们的孩子会褪去幼稚和娇嫩,扬起创造的风帆,驶向成熟,驶向金色的海岸;我们的孩子会像颗种子,勇敢地穿透泥沙,将嫩绿的幼芽钻出地面,指向天空。而我们,要做的便是在他们扬帆以前,告诉他们海上的危险,为他们准备好地图、指南针、救生衣;在他们穿透泥沙前,磨练他们的根茎、锻炼他们的意志,这便是专题聚焦课程。在孩子们走入社会前,让安全常记孩子心中,让健康常伴孩子左右,让环保的种子在孩子心中种下。

俗话说:"防患于未然。"每学期,学校都会进行火灾逃生、地震逃生等演练。逃生演练前,要求教师对学生进行安全教育,并告知他们在遇到突发危险时,采取正确的应急措施。除此之外,学校集体广播也会宣传逃生手段和方法,让每个学生心中有数。到了逃生演练正式开始的时候,同学们各个不慌不忙,井然有序地撤离事故现场。

### (二) 实践体验课程

社会是一所学校,生活是我们的良师。在人与人的交往中,我们学会了理解;在别人遇到困难时,我们学会了关心;在不利的环境中,我们学会了生存……在这所学校里,我们会学到勇敢、坚强、理解、拼搏……

对于孩子们而言,他们渴望到这所学校去感知、去体悟,我们也为孩子们创设了这些实践体验课程,包括"快乐星期六"活动、小博士工程以及校外基地实践体验活动。

对于孩子们而言,寒暑假中最期待的便是"快乐星期六"活动了:踏着轻快的步伐,为公园里的大地伯伯洗洗脸,扫去脸上的污渍,没多久,大地伯伯变得又干净又美丽;哼着动听的曲子,来到敬老院,为老奶奶和老爷爷们送上可口的点心水果,送上精心准备的精彩表演,送上深深的祝福,爷爷奶奶们幸福的笑容成了活动最好的尾曲。


## 二、树干课程的实施

《诗经》有云:"如竹苞矣,如松茂矣。"古人的世界,草木丰茂,山川巍然,万物有灵。对于我们而言,我们也希冀南小学子有一天能达此境地。寒风暴雨之际,他能挺直腰杆,渡过难关;干旱炎热来临,他能咬牙坚持,涉险过关;顺境淡然,逆境泰然,从容应对。而这一切的达成,重中之重就是提高孩子处理事情的能力,培养学生社会适应的能力,让这些"小小树木"的枝干挺拔向上、粗壮有力。

学校开设的各类树干课程,就是想通过专题教育、校外活动,让学生通过研究性学习,在实践中发现和提炼问题,在活动与操作中探究和解决问题,培养学生自主与创新精神、研究与实践能力、合作与发展意识。此外,学校还采用主题探究活动、小课题研究、项目设计等方式进行课程探究。

### (一) 生长

长松落落,卉木蒙蒙。树木的生长离不开雨水的浇灌、离不开阳光的滋润,离不开大自然的洗礼。同样,南小学子的成长也离不开各类学校课程的培育。

学校的小博士工程就为学子们提供了这样的成长平台,为小树苗的生长提供阳光、水分和养料。小博士工程是每学年开设的活动,旨在让每个孩子都成为小小博士,去探索他们自己发现的问题或者有趣的现象。一至三年级以探究课的形式进行教学与活动,课内与课外结合,完成一个个小小的主题探究活动;四、五年级则主要以课外实践活动为主,采用小队活动形式,通过各种途径完成小课题的调查实践研究。通过前期准备、实地探究、总结交流等环节,同学们在探究中获得思路开阔时的欣喜,感受思想碰撞时的火花,品尝成果展现时的喜悦,体会交流分享时的自豪。小树苗们在一次次的探究活动中向着蓝天越长越高。

《我是小花农》探索活动就是一次成功的课外研究活动。奉贤区南桥小学地处区中心地带,是南桥镇的经济文化中心,周围资源相当丰富,有商业街,有国企,有各种场馆,距离十分钟左右的路程就是现代化的农村。结合我校的这一地理特点,以及分析了我校学生虽住在近郊,但对农村了解甚少的特点,我们挑选了青村镇吴房村作为"小博士"课程的基地。

同学们先参观新农村。因为现在的农村生活也发生了翻天覆地的变化。家家都能住上漂亮的房子,房子里现代化设施应有尽有。小洋房的周围还种着各种各样的果树,虽然生活好了,但是农村人还是把自力更生的传统保持了下来,房前种果树,两边种蔬菜,这些可都是纯天然的绿色有机蔬菜啊,很值得去参观一下。

接着,同学们跟随着村民的步伐,学摘扶郎花。村民们告诉同学们,在采摘扶郎花时,选中花之后,握住花枝向左向右往下压,花就连花带枝从根部下来了,这样的采摘对花的损害最小,花的存活期也最长。听完之后,同学们都跃跃欲试,小心仔细地采摘。一个同学说:"采摘扶郎花的经历我至今难忘,当花农打开毫不起眼的大棚,红的,黄的,粉的,紫的,白的……五颜六色的花顿时铺满我们的眼,每一朵都是那么色彩艳丽,那么亭亭玉立。"也有同学说:"通过我自己的亲手劳作,我发现原来不仅种花有学问,连摘花都有学问,真是做任何事情都有学问,都有讲究,我们要学会不断探索。"

这样的探究活动让同学们体验到了各行各业的辛苦和劳动的价值。也让学校明白,体验式的教育实现"教育来自于生活",让同学们走进花农的世界,了解花农的生活,体验花农的辛劳,感悟花农的品质。同学们真正体会到了什么是行行出状元。做任何事只要肯用心、能专心、下苦心就一定能在平凡的工作中发挥自己的光芒。其次,只有孩子们感兴趣的活动,才能真正促动孩子的心灵,让他们学有所得、学有所悟。

### (二) 聚焦

"随风潜入夜,润物细无声。"教育对孩子产生影响,往往发生在潜移默化间。以安全教育、健康教育、环保教育为主的专题教育课程是树干课程的一个重要组成部分,与课外实践课程相辅相成。无论是每天一刻钟的午会课时间,抑或是每周五的班会课时间,我们都会对孩子进行以安全、健康、环保等为主题的专题教育课程。潜移默化间,孩子们懂得了锻炼的重要性;孩子们明白了出行在外,遵守规则的必要性;孩子们认识到地球妈妈只有一个,唯有珍爱保护,我们才会拥有美好生活。专题教育课便是大自然中的空气,我们常常忽视它,但它确实很重要。在不知不觉中,它让小树苗的每个毛孔都浸在新鲜的空气中,让他们自由呼吸,自在成长。

南桥小学恒贤校区的"小小交警"体验活动便是安全教育的一个缩影。在前期准备环节,交警叔叔来到学校,给同学们做有关交通安全的讲座,向队员们普及交通安全知识。讲座后,同学们深受启发,纷纷表示,在今后,要遵守交通规则,看清红绿灯再行走,过马路要走人行横道线。如果家人没有遵守交通规则,一定会及时纠正他们的错误行为,做个小小监督员。随后的日子里,同学们跟着交警叔叔们来到学校体育馆里,跟着交警叔叔学习怎样指挥交通。同学们精神抖擞,挺起胸膛,学习了怎么样做出直行信号、快速通行信号和左转弯信号。实践体验环节来了,同学们正式上岗了,放学后在校门口协助交警叔叔完成工作。同学们帮助警察叔叔劝导不遵守交通规则的学生和家长，他们的表现赢得了来自家长和同学们的掌声。

这样的体验活动，让同学们认识到遵守交通规则的重要性，让同学们明白，在今后，要从一点一滴做起，争做文明好少年。

### （三）体验

纸上得来终觉浅，绝知此事要躬行。我们深知，要真正提高孩子们面对社会的能力，还得创设条件让他们接触到外界社会，从实践体验中得到收获和成长。我校从2011年9月开始，围绕学校"树课程"中"敬慎勤"课程目标"敬——爱国爱家、敬老尊贤"的要求，在学校共建单位中选择了九家单位，整合力量，形成了把共建单位的资源纳入到每周五下午的"快乐百分"活动中，通过每周一个基地，两个班级的主题实践模式，让学生走出校园，走进社会，体验生活。另外，每年寒暑假里的"快乐星期六"小队活动也带给孩子们愉悦的实践体验，孩子们在家长的陪同下，去参观各类纪念馆、看望老人，有的小队走上街头，通过签名、发标语等方式让行人规范行为，为文明城市建设贡献自己的力量。点点滴滴汇成江川河流，一个个实践体验经历让孩子们开拓眼界、锻炼能力，小小树苗生长得愈发粗壮。

学校的校外基地可谓类型多样，各有所长。预备役五团和摩步一连的参观经历带给同学们严谨、踏实的做人品德；档案局、福利院的探究活动让孩子们走进陌生的领域，增长知识，了解未知。星火消防中队和特警支队的参观活动，则让他们体会消防员和交警叔叔的辛苦，明白正是他们的无私奉献，才带给我们平安快乐的生活，还有神力科技公司、污水处理厂、晨冠乳业、中街居委、和汇公司等校外基地场所，都给了孩子们不一样的体验。

### （四）合作

三个臭皮匠，抵个诸葛亮。一棵树在狂风暴雨中会歪倒、偏离甚至被连根拔起，但是一片森林就可以互相庇佑，相互合作，共渡难关。其实，无论是专题聚焦课程，还是实践体验课程，都努力传递给孩子合作的观念。我们让孩子们几人组成一个小队，共同合作来完成项目。在合作中，他们会因为一个观点的不和而展开激烈的辩论；也会因为一个队员的不配合而拖慢了整个活动的进度。当然，在活动中，我们更多地看到，当活动开始时，队员们的各种创意想法层出不穷，让整个小队斗志昂扬；当活动进展到一半思路中断时，一个队员的灵机一动会让其他队员们豁然开朗；活动进入尾声时，每个队员努力完成好自己的任务，让他们的研究成果出类拔萃。在这个过程中，他们懂得了相互学习，学会了相互依靠，也品尝到了合作的成果。小小树苗们懂得了在困难来临前，相互依靠相互帮助，共渡难关。

## 第三节　最丰富的是兴趣培养

树枝课程——为儿童的健康成长提供了重要的补充。其自由伸张、千姿百态的树枝就是培养学生全面发展的若干方面的兴趣爱好课程,即快乐百分百课程和艺趣叁叁零课程,培养学生的身心健康、艺术审美和科学创新素养。

"碧玉妆成一树高,万条垂下绿丝绦。"树枝的旁逸斜出成就了一棵枝繁叶茂、郁郁葱葱的参天大树,这样的旁逸斜出,才会是锦上添花。课程犹如这旁逸斜出的树枝,其丰富性、多样性,适应了不同学生发展的需要,给学生自主选择留有空间,决定了学生非线性的发展,丰满学生的心灵,张扬学生的个性。

## 一、树枝课程的内容

树枝课程主要是指孩子学习的选择类课程,即拓展类课程,该课程包含了艺体九会的校本课程和快乐百分百、艺趣叁叁零的纯拓展型兴趣课程。

### (一) 艺体校本课程

体育和艺术是人生中不可或缺的活动形式,体育可以强健体魄,给人以健康;音乐能陶冶人的情操,激发人的创造力。体育、艺术兼修的人生命会更具精彩。学校在基础型课程之外,根据学校特点和学生需求,开设了艺体九会的校本课程,作为基础型课程的拓展,包含:音乐三会(会跳民族舞,会唱红歌,会吹奏口风琴),美术一会(会线描)和体育五会(会跳绳、会踢毽、会下围棋、会踢足球、会打篮球),融合在基础课程的教学中,其评价方式、标准的成果形式记载在学校自行研制的《成长的足迹》学生档案手册上,为学校的体育艺术教育另辟蹊径,引领学校走入素质教育发展的广阔天地,让校园美起来,让学生动起来,让孩子的童年绽放精彩!

**(二)拓展兴趣课程**

尊重个人选择,鼓励个性发展,不拘一格培养人才,让学生学会选择,这是人们对教育的期望;拥抱学生的潜能和特长,让学生得到最优发展,一个个鲜活的生命才会如花绽放,这是课改的重要目标。拓展型课程是每个学生必须修习的课程,强调全体参与,主要满足学生的个性化学习需求,开发和培育学生的潜能和特长。

每周五下午有"快乐百分百"的兴趣活动,这一课程设置有七十分钟的活动时间,其侧重点在于普及培养学生的个体兴趣,训练技能、技巧,发展个体特长。一年级采用年级滚动制,即以班级授课的形式进行,以"围棋、跳踢"为活动内容,进行滚动式的教学;二至五年级则采用走班制,主要通过学生自主报名与教师主动招生相结合的双向选择方法进行统一编班,然后分别定人、定岗、定点、定内容,学生参与率是100%。这两个课程既相对独立,又相互联系,互相结合,互相作用,形成一个有机整体,共同作用于学生,促使学生艺术素质及其他素质的全面和谐发展,为学生走向社会积淀了厚实的艺术素养。

## 二、树枝课程的实施

既要尊重学生个性需求,同时又要尽可能让每个孩子都能雨露均沾,学校在树枝课程的设置和实施上煞费苦心。艺体三大课程九个项目,拓展七个系列近六十多项技能。我们希望每个孩子都能有一技之长、一技之好。树枝课程体现了独立性与渗透性的融合。独立性课程主要是指在音乐、美术、英语口语、体育基础课程中增设一节主题拓展课,其侧重点在艺术知识和艺术基本技能的训练普及和延伸,学校在一至二年级增设一节形体课或舞蹈课,让舞蹈教学进入课堂。在一年级增设一节美术课,以民间工艺美术为重点。在一年级增设一节英语口语课,聘请外教,训练学生的英语听力和口语交际能力。在二年级增设足球课和跆拳道课,推广校园足球和跆拳道运动。渗透性课程是指在其他学科课程中渗透艺术教育,其侧重点是加强学生对艺术的广泛认识和情感体验。每天三十分钟的"阳光体育活动",就是艺体结合,根据小学生活泼好动的特点,让其在这一刻尽情欢笑,尽情舒展,尽情活动,从而达到身心健康的目的。分为三个系列:广播操和舞蹈:如集体舞、学校自编艺术操、武术操等;民间体育游戏:如跳房子、滚铁环等;体质健康训练:如仰卧起坐、五十米跑、跳绳、阳光伙伴跑等。

### (一)伸展

树枝具有不断伸展的特征,不同的树,树枝有不同的伸展方向,或向上,或向下,或横向,即使同一种树在不同时期,树枝的形状也各不相同,或浓密,或稀疏。此外,不同的树能形成形态各异的树枝,杨柳的纤细轻柔,龙抓槐的遒劲曲折,金丝楠的苍劲挺直。我们的这类课程也具有这一特性,能根据学生需求,不断衍生新的课程。学校从一开始的艺术、美术、体育三类项目十多门课程,经过十多年的发展,形成艺术、美术、制作、健身、益智、人文、科技七大项六十多门课程。

例如,拓展兴趣课程中的绘画课程,一开始只是由四位美术老师开设的创意水粉、童心版画、黑白素描、创意折纸共四门基本课程,但完全不能满足学生的学习需求。后来,随着拓展型课程开设的数量要求,一些主学科的老师也根据自己的擅长开设了诸如剪纸、拼图、简笔、刮蜡等美术课程,学校也积极联系校外机构,聘请社会能人开设适合学生的各类课程,逐渐衍生出简笔、刮蜡、剪纸、衍纸、拼图、卡通、陶艺等各种适合不同年段学生的美术类课程,形成了艺术课程体系中多彩的美术树枝课程。

### (二)蓬勃

树枝只有不断蓬勃生长,才能形成庞大的树冠,成为一棵大树。我们的树枝课程具备这种特征,只有提供给学生丰富的选择,才能满足全体学生的需求。例如,拓展兴趣课程经过几年的发展,从一开始的二十多项,逐渐形成了目前七大系列,分为艺术苑、美术馆、制作吧、健身房、科技宫、益智屋、人文院,常设固定项目五十多个,根据学生需求可达到六十多项,有的课程可同时开设二至三个班。大量的课程选择避免了学生过多集中在一起,满足学生成长中多方面的个性需求。

### （三）承重

树枝的另一大作用便是承担树叶和果实。一棵树是否健康、苗壮，其浓郁的树叶、累累果实便是最好的见证。我们的拓展兴趣课程开设多年，课程成果极为丰富。每学期期末都要进行全校性课程成果的展示，同时也面向家长。通过庆"六一"和"元旦"，以文艺汇报演出的形式展示艺术类课程的教学成果，如歌舞、器乐、小品、相声等，以作品展览的形式展示所有美术及制作类社团的学生优秀作品，如串珠、十字绣、木工、书法及各类美术作品。

另外，树枝课程注重选择性与特色性。在这一课程中，将可选择的范围扩展到内容、要求、领域、时限等，以满足不同学生差异性发展的需求。学校采用教师推荐、学生自愿的双向选择方式，学生跨班跨年级参加各项活动。对一些特色课程，学校将重点扶持，保证场馆设施、时间，保证人员，保证质量，保持特色。学校先后有舞蹈、合唱、中华鼓、折纸、素描被评为区百佳特色校本课程。

## 第四节　最张扬的是个性发展

树叶课程——为儿童的健康成长提供了张扬的空间。其形态各异、颜色纷繁的树叶就是针对每一个(批)特殊孩子的"I-课程",提倡个性化和个别化教育,满足特殊学生的需求,突出学生的个性特长,展示个体核心素养,促进学生终身的持续发展。

"不知细叶谁裁出,二月春风似剪刀。"每年春天,万物苏醒,树木抽枝长叶标志着成长的开始。在植物生长最旺盛的季节,郁郁葱葱的树叶形成巨大的树冠,标志着一棵树的健壮。对于一棵树来说,叶子不但负责进行光合作用,为树木提供有机物,还进行蒸腾作用,使得水能不断地往上运输,为树木提供养料。各种植物的叶子形态多种多样,即使是同一棵树,也没有完全一模一样的两片叶子。换而言之,叶子具有独特性,儿童也存在明显的差异。树叶课程就是专门满足这些具有不同需求的儿童所设立的课程。

## 一、树叶课程的内容

树叶课程,即I-课程,是指适合特殊孩子(个群)的个性化课程。学校对特殊孩子及他们的需求进行分析和梳理,根据共性和特性来进行分类,在与孩子、家长协商的基础上确立以人为本、满足个体需求、注重个别化、个性化教学的动态课程,从而满足每一个孩子的成长。

### (一) 特殊儿童专项课程

如今随班就读的孩子越来越多,对于这些来自星星的孩子,我们有针对自闭症儿童开设的绘画课程(线条画、色块画和吹画);有针对特殊心理障碍的儿童开设的心理健康课程;帮助他们找到自我,满足自我,实现自我。

### (二) 特长才艺叁叁零课程

对于某些在艺术体育上技能比较突出的孩子,学校利用每周二到周四三点半放学后到四点半这段时间开展"叁叁零课程",对他们进行额外辅导训练。

### (三) 主题活动竞赛课程

学校每学年开设学科各类主题周(语文、数学、英语、体育)和特色活动节(艺术、科技、游戏、阅读),体现了全员性和选拔性,激发每一个学生积极参与的热情,为有特长的学生提供展示的平台,为更高层次的竞赛和活动选拔优秀的好苗子。

## 二、树叶课程的实施

每个儿童对于学习有着不同的需求和喜好,有的爱静,有的爱动,有的喜欢显露自我,有的比较内敛,尤其是一些特殊的儿童,一般的学习对他们根本不起作用,他们总是沉浸在自己的世界里,与外面的世界格格不入。学校开设树叶课程就是专门为这个群体所设置的,为他们提供了一个学习、展示自我的平台。

### (一) 呼吸

树叶会呼吸,也就是能进行光合作用,对于绿色植物来说,在阳光充足的白天,它们将利用阳光的能量来进行光合作用,以获得生长发育必需的养分。我们的树叶课程也是如此,在实施过程中,我们给予学生丰富的学习内容。

例如,叁叁零课程中的足球、篮球、街舞等,能大大提高学生的技艺。在体育活动节、艺术活动节上,又提供他们展示竞技的舞台,使他们有机会在同伴家长面前展示自己的才能和个性;学科主题周是基础型课程的补充形式,旨在将学科中所学知识自然运用,能运用知识以实践活动为中介,增强学生的探索精神与创新意识,培养学生的科学态度,发展他们综合应用知识、发现问题和解决问题的能力。学校每学期都有艺术节、体育节、科技节及各学科主题周,在这些活动中,涌现出一大批优秀的、多才多艺的孩子。

## (二) 存异

每片树叶都是独一无二的,每个儿童也是独一无二的。每周二至四下午的"艺趣叁叁零课程",以艺术类与体教结合等重点扶持项目为主开展活动,加强指导,争创特色。这些课程并不普及,是专门为有特长的儿童开设的;此外,针对特殊儿童(自闭症、弱智),学校创设专用教室、开设特殊课程,教室平时一直开放,任何有需求的儿童都可以在任何时间前往进行学习活动。

例如,我校有一位自闭症的儿童,每天上课都由妈妈陪同,平时根本不能参与正常的学习,也不会与其他孩子相处。但她对于绘画中的颜色搭配有着极高的天赋,当我们的美术老师发现这一特性后,特意选择一个空教室给她布置了一个小画室,一个只属于她个人的小画室,她可以在任何时间到那里进行她的绘画创作。短短两年时间内,她创作了近二百幅画作,在校园内开办了三期个人画展。

## (三) 归根

落叶归根,这是树叶对根的情谊。儿童学习的最终目标归根到底还是要做一个正直善良、对社会有用的人。所以我们的树叶课程关注学生的品德素养,在大量的课程学习和活动中,培育人文素养,增长知识,弘扬民族文化,从中华民族深厚的文化底蕴中读懂中国,从而内化成品格与修养。

# 第 五 章

# 一棵树与一堂课

一堂好课应该是开放的、有生气的、有活力的,是自然、饱满、唯美、灵动、丰富的。它富有动感:教师动了起来,能充分发挥主导作用;学生动了起来,可以成为学习的主体;师生互动,便于交流彼此的感情,分享彼此的成果……

## 第一节　让儿童站在最高处

自然是万物生长，自然而发；是由心而发，自然而然。而自然的课堂指的是真实、率性、异步的课堂，即教师在教学过程中要倡导教师的真实，鼓励学生的真实，追求过程的真实，同时要遵循学生的特质，顺着本性出发，充分展示学科的率性本真，关注学生的差异，认清每个学生的优势，开发其潜能，使每位学生在不同的层次上都得到发展。

## 一、自然的课堂是真实的课堂

真实，是与客观事实相符。真实的课堂是醇美课堂的原初状态，是课堂最原生态、无做作的呈现。如今的课堂，过分追求课堂的花哨和完美，课堂气氛看着热闹，其实只是外在形式上的活跃，学生没有真正参与到学习过程中。而且教学的过程往往停留在同一层面上，学生参与学习的过程，实质上只是一种表现、展示的过程，学与不学差不多，能力没有提高，知识没有延伸。有的教师希望在课堂上消灭差异，牺牲一部分好学生的发展作为代价来换取一部分困难学生的进步，以自己的教案为中心，忽略了学生的真实状态和需求。而在课堂上，学生学会了虚假，常常不说自己想说的话，说老师想要的话。长此以往，必将扭曲课堂教学的本质，影响学生的可持续发展。学生需要教师的真实，需要真实的课堂。为此，我们有必要建构真实的课堂。

## （一）倡导教师的真实

在课堂上，教师应该实事求是，正确认识学生，尊重和宽容学生，正视课堂教学中出现的问题，并做出积极有效的处理。教师不仅要严于律己、真诚面对学生，还要正确理解学生的情感，以教师的真诚换来学生的真实。要在教学中真正建立人格平等、真诚合作的民主关系。同时，教师还要高度重视学生的一言一行，在教与学的平台上，给学生更多、更好的时机，把学生的积极性调动起来，使学生在生动、活泼与愉悦的气氛中学习。现代教育是人性化的教育，教师要从人格的角度、人道的精神、人文的关怀方面平等对待学生，乐意接纳、帮助学生，真心赏识、尊重学生，才能调动起每个学生参与学习的活力，达到和谐自然的感情共振。

## （二）鼓励学生的真实

真实的课堂应该直面学生真实的认知起点。课堂教学要实事求是，从学生的实际状态出发，使每位学生通过教学在原有的基础上有所提高，从而提高教学的针对性和有效性。在教学过程中，教师要利用学生已有的经验，促成其与要学习的内容间发生相互作用。教师在教学设计中，要对学生进行学情分析，如果在教学过程中所获取的反馈与预设不一致，我们应该及时对教学做出调整，使教学成为学生已有直接经验的逻辑归纳和引申，增加教学的体验性和生成性。

## 【案例5-1-1】

三年级语文《海底世界》一文向学生介绍了海底世界是宁静的，由于学生对海底世界知之甚少，基本没怎么接触过，为了让学生感受海底世界的奇异，我利用了多媒体课件，直观向学生展示了海面上是波涛澎湃，但是海底依然很宁静；运用音频让他们听听戴上"水中听音器"后海底小动物窃窃私语的声音，但是由于它们的声音太微弱了，所以海底依然很宁静。学生就自然而然感受到虽然海底世界的声音很丰富，但是海底还是相对宁静的，从而感受到海底世界的奇异、奇妙。

## （三）追求过程的真实

真实的课堂是在价值引导下自主构建的过程，是真实自然的师生互动过程，是对预先设定性、计划性、规定性的一个重要补充和修正。教师必须要把各种课程资源引进到教学中来,让学生体验到学习的乐趣,构建有利于学生发展的动态生成的课堂,使学生在课堂上有实实在在的认知和收获,调动学生的积极性和主动性,以动态的、发展的眼光看待教师的教和学生的学。

**【案例 5－1－2】**

  二年级语文《只有一个儿子》是一则寓言故事,通过三个儿子看到妈妈拎水桶后的不同表现,揭示了作为子女要关心、孝敬长辈的道理。在这一课里,明明有三个儿子,可是文中的老爷爷却说只看到了一个儿子。对于这句话的理解是本课的重难点。因此,我在课上让学生自己上来拎一拎一桶水,感受一桶水是沉甸甸的。

  接着,我让学生找出三个儿子看到自己妈妈拎水桶时的表现。第一个儿子是只顾自己翻跟头;第二个儿子是只顾自己唱歌;而第三个儿子则是跑到妈妈跟前,接过妈妈手里沉甸甸的水桶,提走了。通过抓住第三个儿子的动作:跑、接和提来体会其中所蕴含的意思。"跑"说明这第三个儿子应该是怕妈妈累坏了,而且他二话不说,马上接过这桶沉甸甸的水桶提走了,可见这个儿子平时一定经常帮妈妈拎水,帮她分担家务。跟前面两个对妈妈不闻不问的儿子形成鲜明对比。这样,学生们就能很容易理解老爷爷说"只有一个儿子"这句话的意思了。因为在三个儿子中,只有这第三个儿子懂得关心、孝敬妈妈。

  当然,教师的真实、学生的真实和过程的真实这三者是密不可分、相辅相成的。教师的真实是前提,学生的真实是关键,过程的真实是保证,只有三者有机结合,才能取得实效。

## 二、自然的课堂是率性的课堂

  率性,是顺着本性,率性的课堂是醇美课堂的主体属性,是情感的自然流露。教学是一个漫长的过程,具备自身的特点、原则和对象,其根本目的是教书育人。评价一堂课好坏最重要的标准是学生的收获。但是现在的课堂,更多是在考虑如何使课堂气氛热闹,以迎合听课者、评课者的要求,做好表面文章。因此,教师和学生在课堂上,都应顺着本性出发,这样才能强化情感、加强互动、提高效率。

## （一）建立融洽的师生关系

率性的课堂表现为不矫揉造作,不虚与委蛇。课堂教学是师生相互观察的行为,平等的交往能够排除师生之间的心理障碍,使教者轻松自如,学者抛去顾虑。久而久之,师生关系愈加融洽,老师的亲和力增强,教学行为中施压式的人为因素趋减,情感和知识的成分趋增,进而加强师生之间、学生之间在课堂上的言语联系。然而,教学态度的率性不是顺其自然,更不是放任自流,它是教师人性的本真流露,老师应以真知灼见,在常态下与学生进行交流。率性也是学生人性的自然显现,是知识与日俱进的表露,同时也是与教师对话的真实反馈。教师要根据学科特点和学生一起用最好的方法进行学习,而不能只带着自己的主观色彩,或一味地顺着学生的路子走。

## （二）遵循学生的身心发展规律

率性的课堂应努力使教学内容和教学方式遵循、符合学生身心发展的自然规律。十七世纪的捷克教育家夸美纽斯在《大教学论》一书中也提出了"教育要遵循自然的秩序,最重要的就是要遵循自然发展的秩序"的说法。要真正实现课堂的自然性,教师就要做到关注每一位学生的学习状态,促进每一位学生的发展,充分张扬学生的个性,维持学生良好的学习环境,在注重学生的主体性和个性发展的同时,营造和谐而有创新性的课堂氛围。另外,教师自由开放的心态还体现为毫无保留地奉献于课堂,创造性地组织教学活动,以发展性的眼光、宽容的态度处理课堂上的每一件事,并从中得到自我价值实现的愉悦。

总而言之,保持率性的课堂,在教学中最大限度地发现和呵护学生的个性,并为其创造最适合其成长的沃土,这才是课堂教学最关键的。在课堂上,教师决不能只顾自己的表演,而把作为教学对象主体的学生变为观众或配合教师作秀的道具。"清水出芙蓉,天然去雕饰",只有充分展示学科的率性本真,才能真正实现课堂教学的自然性。


# 三、自然的课堂是异步的课堂

异步是一种能体现学生的学习过程、学生在教师指导下进行自主学习的现代教学模式。异步的课堂是醇美课堂的自然表现。"世上没有完全相同的两片树叶,人不能同时踏进两条河流里。"都深刻揭示了大千世界万物的差异性和多样性。学生群体由于先天的素质和后天所处的文化环境、家庭背景等的不同,也存在着差异性和丰富性,这种差异性和丰富性主要表现在智力差异、学习风格差异和个性特征差异上。因此,教师在课堂教学中要关注学生的差异,认清每个学生的优势,开发其潜能,使每位学生在不同的层次上都得到发展。

**(一) 因材施教,促进学生个性的和谐发展**

在制定教学目标时,教师要尽量做到分层,让教学目标个性化。要以教材为凭借,以学生的个体差异为出发点,制定出不同层次的教学目标。同时,教学目标要有"弹性"。既要有基础性目标,又要有发展性目标;下要保底,上不封顶。要求学生达到某一层次的目标后,还要向高层次的目标冲刺,这样就能使不同层次的学生在积极的状态下参与学习,使目标起到分层激励的作用,让其潜在的学习能力得到最大的发展。教师对学生的要求要符合个体的实际情况,对不同的学生设立各自经过努力可以达到的目标。对于一个优秀生要鼓励他们不要满足于现状,而是要设立新的目标;对于学困生要帮助他们定一个更为实际可行的目标。让不同层次的学生都能"各取所需"地学习,让每个学生"跳一跳都可以摘到果子"。

**【案例 5 - 1 - 3】**

二年级语文《海中救援》一文讲述了一群善良的村民冒着生命危险救援困在海上的船员感人故事,重点刻画了年仅十六岁的汉斯的形象,赞扬他在生死关头不顾母亲的极力挽留,挺身而出,舍己救人的高尚情操。根据学生的差异,对于基础较差的学生,我制定了如下教学目标:

(1) 能识记"援、警、营、博、集、汉、唯、依、靠"九个生字,重点理解"营救、气喘吁吁"等词语。积累"救援、警报"等八个词语。能在田字格中正确书写五个汉字:援、营、博、依、靠。

(2) 能正确、流利地朗读全文,能读出救援队长、汉斯和汉斯母亲说话的不同语气。

(3) 理解文中"只有短短的一个小时,可是汉斯母亲却觉得比永久还永久"这句话的意思。

（4）懂得当别人遇到困难和危险的时候，要尽自己的力量伸出援助之手。

对于基础一般的学生，我将第三个教学目标改成了：能想象汉斯母亲等待儿子归来时的表现，用几句话说一说。而对于基础较好的学生，则是：能想象汉斯母亲等待儿子归来时的表现，并用几句话写下来。

针对学生的学习水平差异，让基础差的学生联系上文，读读汉斯母亲说的话，再思考原因。学生就会感受到：原来汉斯母亲一边在等待，一边在担心汉斯，等待的滋味是如此难熬、漫长，所以她感觉短短的一个小时比永久还永久。对于基础一般的学生，在理解汉斯母亲心情的基础上，为了让他们有话可说，有话可想，我在教学中加入了"担心、祝福、祈祷"等提示语，这样学生能更进一步体会汉斯母亲的心情，感受那深切、动人的母子之情。对于基础较好的学生，我要求他们不仅会想会说，更要会写，把汉斯母亲等待儿子归来时的表现用规范、完整的语句写下来，锻炼他们的写作能力。这样分层的教学目标，针对不同层次的学生，让他们由想到说再到写，逐步提高了难度。

**（二）尊重人格，促进学生个性的全面发展**

教育要给学生以尊严，让每一个学生有一个主动探索、张扬个性的时间和空间。课堂是每一个学生的，他们每个人都应该充分拥有。我们心中不应该总是偏爱那些聪明、听话、学习成绩好的学生，把那些学困生放在被遗忘的角落里充当看客，而应该公正地对待每一个学生。要关爱、尊重每一位学生，以诚相待，相互信任，相互理解。只有我们关注了学生各个方面的差异，才能促进学生的全面发展，才能让他们在未来的道路上一帆风顺。

异步的课堂应该关注学生的个体差异和不同的学习需求，激发学生的好奇心、求知欲和主动进取的精神。只要我们在教育教学的实践中努力去探索，那么学生的个性就能得到和谐、全面、健康的发展。

## 第二节  带领儿童走进更广大的世界

课堂教学应带领着儿童走进更为广大的世界,这就要求课堂是饱满充实的。现在有的教师为了能使自己的课堂变得更"丰富"、"高效",往往把整个教学过程填得满满当当,认为这样的课堂才是饱满扎实的,这样的认知未免有失偏颇。饱满的课堂是指有生命的课堂、有深度的课堂、有营养的课堂,饱满的课堂要让学生在课堂学习中得到应有的发展。

## 一、饱满的课堂是有生命的课堂

课堂教学不仅是一门技术,还是一门艺术,更是一门富有生命感的艺术。在课堂教学中,教师应该用自己饱满的热情来点燃学生的学习激情,使课堂教学充满活力与生命力,提高课堂的有效性,实现学生全面发展的需要。在课堂教学过程中,要让学生在多个维度都能得到发展,从而实现学生的全方位成长。

### (一) 用充分的准备了解学生

随着时代的发展、科学技术的进步,学生获取信息变得越来越方便,现在的学生通过各种途径,了解、学习了各方面的知识,有的甚至在某一方面的知识储备已经远远超过教师。教师想要在课堂上游刃有余,就必须在课前做好准备工作,认真备课,特别要把对学情的分析和把握落实到位,这也是课堂有效的关键之一。

教师在进行教学设计时,要对所教的每一个学生的已有基础知识,基本能力水平,以及兴趣、爱好、特长等有比较全面的了解,根据学生的实际情况来设计教学活动,这样,才能让不同程度的学生在原有基础上都有所发展,真正体现以学生为主体,坚持以学生发展为本的教育教学理念。在既不拔高要求,也不降低要求,既不给学生增加过重负担,又能保证教学质量的前提下,使学生不断地获得新知识,不断地发展新能力,不断地丰富情感,不断地完善人格。

### (二) 用饱满的情绪激发学生

教师在课堂上必须巧妙调整好自己的情绪,要掀起学生学习的激情。课前,教师要保持良好的心态。课堂上,教师的情绪直接影响到学生的学习情绪。教师的情绪,决定课堂的气氛,决定课堂的效果,决定学生学习的兴趣。

一个富有激情的教师,一听到上课铃声,一推开教室门,就情绪饱满,精神焕发,学生的情绪也能被带动起来。老师的激情就像一粒火种,一下子点燃了学生高涨的情绪,课堂气氛会随之活跃起来。如果老师对课前师生相互问好不在乎、不重视,一进教室二话不说,便立即讲课,甚至把一脸的阴云和不好的情绪带进课堂,学生就会感到不安,不知课堂上要发生什么,由于紧张、害怕而产生的消极情绪,对课堂效果十分不利。有时学生在课堂上稍有一点做得不好,就生气、甚至发火。这样做也许有点效果,但时间长了,学生就会越来越疏远你,甚至和你产生对立的情绪,课堂气氛沉闷,效率极低,而你呢,越来越生气,从而形成恶性循环。反之,学生有了一点进步,就加以表扬,想方设法培养学生的自信、培养与学生之间的感情,课堂的气氛就会越来越活跃,课堂的效率也就会越来越高,从而形成一种良性循环。

### (三) 用融洽的关系关爱学生

在教学过程中,努力营造一种轻松、愉悦、生动有效的学习氛围,对激发学生的学习兴趣是十分必要的,而与学生保持亲切融洽的关系,也是很重要的。学生只有在感受到教师对他的关心、体贴与温暖后,才会对教师敞开心扉,进行推心置腹的交流。也只有建立在这种情感基础之上,教师的课堂讲解才会触动学生的心灵,使之与自己达到共鸣。学生在融洽的师生关系中,感受到自己被教师重视、关爱,可以使学生感到亲近与被尊重,从而使学生期待着上你的课。"亲其师,信其道"讲的就是这个道理,课堂效率自然也就好起来。

## 二、饱满的课堂是有深度的课堂

经过了长时间的教育改革,很多教师都已经慢慢了解了新的理念,但是,在具体的课堂教学过程中,还存在着一些过犹不及的问题。有的教师为了追求所谓的教学"深度",设计了大量形式多样的活动,盲目地拔高教学的难度。而这不仅不能体现教学的深度,有时反而会有反效果。

有深度的课堂,不是一味地求新、求难,而是在学生原有能力基础上的思维训练,运用一些巧妙的教学手段,培养学生的思维能力,拓宽学生的思想广度,提高学生的认识高度,实现学生的发展。

### (一)深度的课堂是有内涵的

要做到课堂教学有内涵,关键是要理解课程标准,把握教材,充分挖掘教材中的关键。教材是教师教学的主要资源,是教与学的重要依据,教师必须通过研究和分析,理解和掌握教材的编写意图。在准确把握教材的基础上,教师才能把教材中蕴含的知识准确地通过各种教学活动和情境呈现给学生,引导学生学习和思考,发现问题、解决问题,提高认识。

教师在教学设计时要敢于突破已有的教学思路,在读懂学生、读懂教材的基础上大胆创新,调动学生积极性,引发学生思考,鼓励学生的创新思维,注重培养学生良好的学习习惯,使学生掌握恰当的学习方法。有了良好的学习习惯和方法,能够发现问题、自主探究的学生,也就具备了进行深度学习的条件,让学生有能力应对所有的学习活动和任务。

### (二)深度的课堂是有冲突的

一节教学过程推进得非常顺利、看似完美无瑕的课,并不一定是一节真正的好课。教师在课堂上引导学生进行思维训练,学生的不同意见进行表达和交流,可能会产生冲突,碰撞出思维的火花,在这种冲突过程中,教师有效引导,能使学生的思维进一步得到提升。

所以,教师既要有课前的精心预设,更要懂得巧妙应对课堂上的生成问题。教学的艺术有时候就体现在教师把握预设与生成的细节上,在预设中体现教师的巧思,在生成中展现师生智慧的火花。

**【案例 5－2－1】**

在二年级品社课《交流学习好方法》中,有这样一个教学片断。

师利用媒体介绍小沙子的"快速过水法"。

师:2010 年世博会即将在上海召开,许多各具特色的展馆在世博园区纷纷建造起来。接下来,就让我们用"快速过水法"一起来学习、认识一下这些展馆吧。

师利用媒体出示四个国家馆的图片及资料,学生快速浏览学习。

师:通过刚才的学习,你们认识了哪些世博展馆?

学生交流。

师:谁来具体说说丹麦馆的特点呢?

生:……(无法回答)

师:为什么小朋友说不出来呢?

生 1:时间太短了,根本来不及看。

生 2:看得太快了,不够仔细,所以记不住。

师:所以啊,虽然快速过水法可以让我们快速地学到很多知识,但是要深入了解某一个方面的知识,用这种方法可能很难做到。这时候就需要用另外一种方法了。

媒体继续出示教材上的故事,介绍小海绵的"海绵吸水法"。

教材上通过大海学校的故事,介绍了两种学习方法:快速过水法和海绵吸水法。在教学过程中,仅仅让学生了解这两种方法是不够的,还要让学生学会根据实际情况选择合适的方法。所以,在开展教学活动时,需要加入一些独特而精心的活动设计,从而更好地达成教学目标。

在进行两种方法的教学时,有一个循序渐进的过程。先是通过媒体的声音、图片效果,让学生了解快速过水法的主要内容和特点,然后让学生用这种方法来学习世博展馆的知识,既与世博有机结合起来,又让学生在实践过程中学会运用快速过水法进行学习,体会方法的好处和特点。接下来,再利用精心设计的问题,让学生很自然地产生学习困难,从而意识到快速过水法的缺点和局限,在此时引出海绵吸水法,就显得非常自然了。这样的教学设计，充分考虑到了二年级学生的学习习惯和思维特点，细化了教学过程，让学生在实践中体验和感悟，充分发挥了学习的自主性，从而牢固地掌握知识，有效达成教学目标。

### （三）深度的课堂是有回味的

一节有深度的课，其教学内容一定是充实的，要让学生充分享受整个课堂学习的过程，沉浸其中；教学过程一定是扎扎实实的，所有丰富多样的活动形式都是为了学生更好地学而服务的。学生的学习过程一定是真实有效的，来不得半点作假，学生在整个学习过程中发现了问题绝不蒙混过关，而是能和教师、同伴一起真正把问题解决好。这样的一节课上到最后，必定能有效落实教学目标，使学生的思维得到发展。另外，学生在课后可以把课堂上学到的知识运用到解决生活实际问题中去，学生在课后有兴趣、有能力对课堂学习进行深入探究。这样的课堂，才是真正饱满的、有深度的课堂。

## 三、饱满的课堂是有营养的课堂

饱满的课堂还应该是有营养的课堂，这体现在学生可以通过课堂学习来提升自身的素养，实现自身水平的提升。

### （一）在课堂中提高表达

通过调查发现，学生在表达时怕出错，不敢表达，或者词不达意，不会表达。因此，要在课堂中帮助学生消除心理压力，激发学生表达的欲望，引导学生把内心的思维过程用准确的语言完整地表达出来。一些学生在表达时还容易以偏概全，这与学生比较单一化的思维有关，这也需要教师在课堂交流中多注意引导和示范，让学生在潜移默化中学会表达，喜欢表达，养成表达的好习惯，提高表达的能力，做到"我口言我心"。

### （二）在课堂中学会倾听

良好的倾听习惯，不仅是学习上的好习惯，同时还能体现出一个人的自身修养。因此，在课堂上还应该注重培养学生的倾听能力。让孩子们学会倾听是培养一切良好习惯的基础。无论是好的学习习惯抑或是行为习惯都源于最初的倾听。学生不会倾听，不善于倾听，细细想来，与日常教学的偏向不无关系。在平时的教学中，当学生回答问题时，许多教师比较关注结果，忽略了学生的学习过程和学习态度，更不太注意引导学生如何听，如何想。我们常常表扬回答精彩的学生，却很少郑重其事地表扬那些认真倾听的学生。长此以往，学生就会因忽略倾听的作用而导致学习态度浮躁，影响学习效果。因此，我们应该让学生明白，倾听、想和说一样重要。会倾听，就获得了一把学习的金钥匙。

要想让孩子们在良好的交往中学会倾听，就必须养成与他人合作学习的积极情感状态，逐步从受教育的状态中解脱出来，让学习变得轻松愉快。这就要求我们教师了解每一位学生的个性特点，及时表扬那些认真倾听的学生，树立榜样，并予以适当的奖励。遇到个别不认真倾听的学生，应给予纠正，并及时找其谈心，了解原因，对症下药。其次，合作学习也是一种行之有效的学习方式。采用两人合作的方法，效果也比较理想，一人讲一人听，分工更加明确，也让学生更清楚地知道自己的角色，使每个人都有机会发表自己的观点与建议，也乐意倾听他人的意见。通过相互倾听可以了解他人对自己的不同理解，有利于摆脱自我为中心的思维倾向。当然，教师也应及时表扬那些在合作学习中认真倾听的学生。最后，要让学生养成倾听的习惯，不仅是学生的问题，也是老师的任务。同样，老师在与学生对话时，也要认真倾听，给学生树立一个榜样，还可以利用游戏的形式培养学生的倾听能力。总之，要如何利用课堂学习时机培养学生倾听的习惯，需要我们教师正确地把握课堂契机，有效地组织，就一定能达到培养学生倾听素质的目的。

### （三）在课堂中传承文化

学生完整人格的形成中，对于本民族文化的理解与传承是必不可少的一部分。因此，在课堂中传承文化，具有重大的现实意义和深远的历史意义。

首先要加强教师的人文素养，为文化的传承打好基础。素质教育是以素质培养素质、以灵魂塑造灵魂的过程,教师用自身的人文精神去滋润、去涵养、去提升学生的人文素养和品味,会达到事半功倍的效果。

要在课堂中设计一些活动,让学生在课堂中感受文化的熏陶。比如,在语文课的教学过程中,开设一些品味经典的拓展课,或者在课堂教学中融入一些对于经典的赏析活动,这样既能开阔学生的知识视野,提高学生的文化素质,还有利于增强学生对中华民族文化中的精神价值的理性认同,培养学生的民族使命感和高尚健全的人格。

## 第三节　让学生在唯美的课堂中遨游

唯美，即是有价值上对"至美"的追寻。唯美的课堂是指教师要巧妙地运用一系列具有创造性和机智性的教学艺术打造富有艺术性的课堂。课改理念下的课堂教学艺术就是有效地、巧妙地组织和引导学生愉快而又主动地学习，并使学生在学习过程中获得充分的知识，提高学生的综合素养。

### 一、唯美的课堂不拘于形

这里的不拘于形是指课堂教学不唯课堂。好课应是能"透过墙壁看世界"的，应具有很强的开放性和延展性，它不能仅限于课堂，而应使之与课外、现实生活相结合，通过实践来生成和构建一些新的认知和能力。教师在教学过程中抓住学科特点，充分挖掘、利用和开发各种课程资源，努力建设开放而有活力的课程，拓宽学习和运用的领域，注重跨学科的学习，课堂上进行课外拓展。

什么是"课堂教学拓展"？一位教育专家是这样说的："根据教材要求、文本特点、教学目标、学生基础、教师个性，在课堂教学中适时、适度、适量、适情地引入文本背景和相关内容，整合成读写思的教学策略，促进感悟，促成建构。"小学教学必须将鲜活的教学资源引进课堂，让学生的学习真正得法于课内，增加拓展并学会拓展，再从课外学习中有所收获。

课堂教学就如一道道菜肴，课堂教学中的拓展延伸就如烧菜用的盐，没了少了，这道菜则给人感觉淡而无味，多了乱了，同样让人无法入口。因此，适量、适度地进行拓展才是真正的有效拓展。

## （一）自然拓展

拓展的内容和教学需要达成的目标也应该有一种密切的联系，因此在拓展时，也应该是自然的、不露痕迹的。古人云："知之者不如好之者，好之者不如乐之者。"在课堂导入时，教师不露痕迹地运用拓展教学往往有助于激发学生的学习兴趣，对整个课堂教学也起到事半功倍的效果。

## （二）适度拓展

拓展延伸应在立足教材的基础上，突破"教材"的限制，对教材进行有效的拓展与超越。因为教材是有限的，"教材无非是个例子"，学生学习能力的发展最终必须超越课堂、超越教材。拓展延伸应该围绕教材主题和教学目标、教学重点和难点，所以教学中拓展延伸时，首要的就是深挖教材、紧扣文本，尊重教材的价值取向。

## （三）巧妙拓展

课程资源的有效开发和利用，课内外的适度拓展延伸，可以让教学更加充盈和丰富。教师在课堂上恰当地选择拓展的内容，适当地选择拓展的时间，尽可能地让课堂更开放，将教学内容变得更充实，将教学思路变得更宽广，将教学方法变得更灵活。

【案例 5 - 3 - 1】

在教学《一夜的工作》这篇文章时，为了让学生能深刻体会周总理的不辞劳苦，有位教师在学了课文之后引入"总理最后一段日子的工作时间表"。在悲凉的音乐声中，在教师动情的朗读中，学生完全进入了情境。学生深深地被总理的顽强，被总理的不顾个人身体所感动，情不自禁地流下了泪水，听课老师也无不为之感动。此时，大家内心都充满了对周总理的崇敬爱戴之情。可以说这样的"拓展"让人心动，令人拍手称快。

教师恰到好处的引领和延伸，可以让课堂变得更加美妙，可以让学生的练笔在情感的铺垫和知识的积累中进一步得到训练，使得此时的拓展体现出"画龙点睛"的效果。

## 二、唯美的课堂须情感滋润

美国教育家杜威先生曾说过："让我们给孩子一个情感化的教育,给孩子一个富有情感的生活吧!"我们的课堂要让学生在心灵的互通中走向情感深处,用真实的情感滋润课堂。

### (一) 把握教师在课堂教学中的主导情绪状态——展现给学生一个"充满激情的我"

情感教学心理学家认为:教师应始终保持饱满、振奋的情绪状态,甚至在必要的情况下,带有某种程度的激情和高涨的情绪表现。一个没有激情的教师很难调动学生的情感,又怎能让学生充满热情地学习? 同时,要深挖教材、教学环节、教学过程中的每一个情感因素,把对于教学内容、对于生活、对于人生的每一份感悟、每一种情感,用教师的语言、眼睛、动作……传递给学生,展现给学生一个"充满激情的我",陪伴学生度过每个"激情燃烧"的课堂。

### (二) 充分凭借教材的情感因素——教学活动中要注重"溶情"

"登山则情满于山,观海则意溢于海。"教学当中的"情"犹如教与学双边活动的"催化剂",有了它,学生才会在教师的点拨下进入课堂佳境。而这种点拨如果能充分凭借教材中的情感因素,那么会更有效。情感教学心理学认为:教师通过自己对教材内容的加工提炼,让教材内容中所蕴含的显性情感因素得以尽可能地展示,从而使学生获得相应的情感体验。

### (三) 开放学生的情——给学生一个"对话的空间"

我们要给学生一个"对话"的课堂,给学生一个"对话的空间",实现"文本对话"、"师生对话"和"生生对话"。这种对话,既是教学内容的解读,又能充分在"平等、信任、理解"的前提下开放学生情感之门,使学生的良好情绪状态有效作用于学生的学习活动。

"文本对话":在课堂中,经常会有这样的问话:"如果你是某某(课文中的人物),你会怎样说,怎样做?"引导学生去想象,和课文中的人物对话,"以文会友",充当其中的角色,去体验、去感受。"师生对话":在课堂上,我们教师应该做孩子的朋友,在他们需要的时候伸出热情的手,实现与学生的沟通,展现给学生一个真实的"我"。"生生对话":课堂上学生之间的交流合作也是必不可少的,应该给学生创造交流合作的机会,使孩子学会人与人的交往,在学习对话中交流情感,在情感交流中促进学习。

**【案例 5‑3‑2】**

学习《西湖》之后,教师另辟蹊径,利用绘画实现学生与文本的直接对话,让学生用彩色笔将各自体会到的美丽画下来。孩子们群情振奋,开始作画,之后大家纷纷拿出作品分组交流、欣赏并推选出组内最出色的作品进行交流。学生们俨然人人是小老师,有的从课文中找出自己作画的依据,声情并茂地朗读这段文字,有的把整篇课文作为解说词,还进行了大胆的想象……从读文理解,到作画悟情,再到析画赏美,学生运用自己独到的审美观还原课文的内涵和意境,缩短了与作者的心灵距离,从而感受到作者眼中的"美",受到了情感的熏陶,享受到了审美的乐趣。

### (四) 让课堂变成学生学习之"乐"园——尊重"需要",注重"兴趣"

尊重学生学习的"需要",激发学生的学习兴趣是实现"学生积极、主动学习、提高教学效率"的前提。一个教学经验丰富的教师曾说:课堂一定要了解学生读书、求知和情感的需要,切忌灌输,重在引发兴趣,调动学生的积极性。卢家楣教授的情感教学心理学认为:教师在教学中要设法操纵各种教学变量使学习能满足学生的需要,而在教学活动背景下,主要满足学生求知、成功、创造、审美、娱乐等的需要。基于这种认识,我们要通过多种方式在教学过程中激发学生的学习兴趣,或直观演示,或旁征博引,或巧设悬念……激发他们的学习欲望和动机,创造"我要学"、"我想学"的积极教学气氛。

## 三、唯美的课堂须充满机智

俄国著名教育家乌申斯基指出:"不论教育者怎样地研究了教育理论,如果他不具备教育机智,他就不能成为一个好的教育工作者。"课堂教学机智,不仅是一种教学技能和技巧,而且是一种教学艺术,通常指教师正确处理课堂上随机发生的教学事件的能力。

课堂是一个动态生成的过程,课堂教学不是一个机械执行教案的过程,而是一个动态的、开放的、不断生成的过程。动态的课堂面对无数的不确定性,这些不确定性具有独特的教育价值,是教学过程中不可缺的一部分。在这个过程中,学生可能会涌现出许多新的想法,出现许多新的问题,暴露许多新的思维,会不断产生始料未及的信息。如何面对种种突如其来的变故,对教师的教学机智提出了有力的挑战。课堂上教师要关注课堂生成,不断捕捉、判断、重组课堂教学中学生涌现出来的各种信息,随时把握课堂教学中闪动的亮点,关注学生的发散思维,捕捉学生灵感的火花,使学生的潜能得以绽放,让课堂成为师生共同创造奇迹的场所,从而使课堂在不可预约的精彩中焕发出生命的活力。

## 【案例5-3-3】

有位教师在上公开课的时候,由于紧张,把《北大荒的秋天》一文中的"高粱"二字写成了"高粱"。一位学生站起来吃惊地说:"老师你错了,'高粱'的'粱'底下是'米'。"这时教师看了一眼自己写的字,马上意识到了自己的失误。当坐在下面的听课老师都为其捏了一把汗时,却只见这位教师依然面带微笑,神情自若地说:"这位同学说得非常正确,看来同学们看得都很仔细。以往老师在教授这个字时,有不少同学会犯同样的错误。"接着老师又问:"你们知道'高粱'的'粱'字为什么下面是'米'吗?"学生们七嘴八舌地回答:因为"高粱"是粮食,所以是"米"。接着,老师强调:"对,同学们分析得很有道理,'高粱'是粮食的一种,所以下面是'米'字,而这个'粱'是栋梁,是一栋房子最重要的支撑点,是用木头做的,所以下面是'木'字,大家记住了吗? 以后可不能再犯和老师同样的错误哦!"

就这样,这位教师运用教学机智化解了一场课堂危机,既挽回了自己的"面子",也使教学收到了意想不到的效果。

## 四、唯美的课堂须具有诗意

唯美的课堂是讲究诗意的课堂。何谓诗意课堂? 诗意课堂,其主旨是教师用诗样唯美的语言演绎着课堂,用诗样的精巧锻造着课堂,用诗样的意蕴营造着课堂,用诗样的激情澎湃着课堂。诗意的课堂具有了新课标引领下新课堂的一切特征,它关注生命、生活、生态,它关注感悟、体验、对话,它注重培养学生的语感、思维、灵性,它更关注学生在课堂里"诗意"地安居,是学生生命发展的课堂。

依托情境进行创作。教学是一门艺术,知识的传授、师生情感的交流,都时不时地需要美的感悟。教师幽默风趣耐人寻味的语言、画面精美的多媒体课件,往往能使课堂更有说服力、感召力,展示课堂的魅力,让学生感受到上课是一种享受,并一步步地进入到一种心灵的"纯净界"。有了这样一种境界,很容易激发起学生的创造力。

## 【案例5-3-4】

《瑞雪图》是一篇很美的写雪文章,生活在南方的学生很少目睹下雪的真实场景,也无法体会北方冬季大雪飘飘洒洒,雪后万里江山一片粉妆玉砌的美妙情景。为了激发学生的学习兴趣,让他们虽不能至,却能感受之,上课伊始,笔者设计了这样的情境导入:视频播放《我爱你塞北的雪》,学生一边听着赞美雪景的美妙乐曲,一边欣赏着大雪纷飞的美妙情景,小脸上都显露出一片向往的神情,心早就沉醉在奇妙的雪景之中了。一曲优美的颂雪赞歌,一个雪花纷飞的下雪短片,在特定的情境中,学生入情入境,随着歌声,穿越漫天飞雪,走进如诗如画的雪景,去寻找美、发现美、感受美。此时,学生对教材内容的入情,也是学习动机的形成,教学因学生的入情达到"未弹琵琶先有情"的显著效果。

诗意的课堂氛围的创设,除了依托情境创造氛围,多媒体营造诗意情境,学生表演感受课文氛围,主体的语言描述表达氛围等,教师还要根据课堂实际的需要,运用生活来创设情境,诗化氛围。生活是五光十色的,生活中有诗意,教师要动脑子,让生活走入课堂,让课堂进入生活。

## 【案例5-3-5】

一教师在进行"感受生活"的作文训练时,由缤纷的秋叶着手。课前布置作业——每个同学到大自然中去采摘一枚秋叶;说叶子的故事——用通顺、有文采的一段话谈这片叶子的来历;看——叶子的形状;闻——叶子的气味;听——叶子的声音(联想);尝——叶子的味道;写——叶子的文章。这样的作文训练来源于生活,教师坚持了以学生为主体,让学生看、听、闻、尝多方体验,联系现实生活,思考人生,充分调动学生的思维和想象,情趣盎然而又意境深远。

我们的课堂要弥漫着诗意。苏霍姆林斯基曾经说过:"没有一条富有诗意的、感情的和审美的清泉,就不可能有学生全面的智力发展。"诗意的课堂是神奇的,熏陶着学生的灵魂;诗意的课堂是智慧的,给予学生力量;诗意的课堂是美丽的,让每一个学生成功。

教学有法,教无定法。苏联教育家赞可夫说:"教学方法一旦触及学生的情绪和意志领域,触动学生的心理需要,这种教学就会变得高度有效。"素质教育要求我们的课堂教学既注重对学生基本知识的传授,更要培养其学习能力、认知能力和审美能力等多方面的综合素质。在教学过程中实施艺术性教学,使学生在学习活动中增强创造意识,把自己对美的体验和情感放进去,自觉地把学习上升为美的享受和创造活动。这样,其学习的非智力因素就会很自然地得到开发。因此,我们不仅要具备扎实而广博的专业知识,还应努力探寻行之有效的教学方法和手段,营造丰富多彩的教学氛围,充分调动学生学习的积极性,打造唯美的课堂。

### 第四节　让课堂绽放灵动的精彩

《现代汉语词典》对"灵动"的解释是：活泼不呆板，富于变化。这是灵动课堂的外显形态，它的内核则是在人本理念引领下，通过教与学，搭建教师与学生共同成长的平台。构建灵动课堂，要在立足于生本思想的基础上，呼唤课堂回归，将课堂还给学生，促进学生学习主动性和学习力的提升。关注课堂生长，对教师自身的素质提出了更高的要求。教师走进课堂，既要有充分的预设，又要关注课堂的生成，处理好预设与生成的关系，让课堂在师生的共同生长中绽放灵动的精彩。灵动课堂不是狭义的灵气课堂、活动课堂，更是一种激情与智慧相伴、科学素养与人文素养相随、充满活力和创造力的课堂。

## 一、灵动的课堂是有活性的课堂

学生是活的人，要施以活的教育。但纵观现在的课堂教学，学生被老师"禁锢"在固定的模式和套路里，原本的问答形式逐渐变为问记模式。在"活的课堂"上只有学生在学习中受到尊重，充分享有自主、自由的权力，才会敢想、敢干、敢探、敢玩，也只有这样的课堂，才会充满情趣，富于生命的精彩。

### （一）充分利用现代媒体催"活"课堂

教育心理学研究表明：人获取的外界信息中，83％来自视觉，11％来自听觉，3.5％来自嗅觉，1.5％来自触觉，1％来自味觉，显然增加视觉、听觉信息量是多获取信息可取的方法。而多媒体教学手段恰恰在视觉、听觉、音像效果方面有其独特的优势。因为多媒体表现力强,信息量大,集数据、字符、文体、图像、声音、动画和视频等多种信息于一体,光、电、声三维互动,能让教科书"活"起来、动起来、形象起来、发出声来,使枯燥的知识趣味化,抽象的东西具体化,遥远的内容眼前化,学生通过观察直观画面,展开丰富的想象,进行积极的思维,从而培养了学生的观察、想象、综合分析、解决问题的能力,促进思维向纵深发展;同时利用现代媒体,重置情景,新构情境,更加适应了小学生的心理特征和年龄特点,有助于学生直接理解所学知识,扩大了教育内容渠道的多元化。

**【案例 5 - 4 - 1】**

小学一年级数学《几时和几时半》,学生在实际生活中积累了一些感性生活经验,但往往是"知其然",而难以道其"所以然"。教学中,运用多媒体的音、形、像等功能,再现生活实际。如学习二十四时计时法,为了让学生掌握一天时间内时针正好走了两圈这一知识点。我们先摄取了学生的几组生活画面,扫描进电脑,并给每个画面配有钟面,能看到时针、分针在不停地转动。教学时,熟悉的画面、悦耳的音乐,使学生赏心悦目,真切地体会到一天有二十四小时,时针在钟面上走了两圈。愉悦的情绪使学生思维活跃,兴趣浓厚,参与效果可想而知。利用多媒体进行教学,能够成功地创设情境,激发学生的学习兴趣。由于多媒体形象具体,动静结合,声色兼备,所以恰当地加以运用,可以变抽象为具体,调动学生各种感官协同作用,解决教师难以讲清,学生难以听懂的内容,从而有效地实现精讲,突出重点,突破难点,让教科书"活"起来。

**(二)灵性地使用各种教法调"活"课堂**

爱动是孩子的天性,将"动中学,学中动"有机结合,使学生动脑、动口、动眼、动耳、动手、动情相融通,这是好的让课堂"活"起来的方法。这就要求老师运用前卫的理念,科学的方法,灵活的手段,恰当的角色来调动。主要做法是:一是采用快节奏上课法。主要是针对小学生有意注意集中时间短,精力易分散的特点,目的是训练学生的反应、思维与速度,使学生在紧张、刺激的氛围中学习。二是营造和谐环境。美国教育学家布卢姆曾说过:"一个带着积极情感学习课程的学生,应该比那些缺乏热情、乐趣或兴趣的学生,或者比那些对学习材料感到焦虑和恐惧的学生,学得更加轻松,更加迅速。"

轻松、民主、愉快、活泼的课堂气氛易于激发学生的学习兴趣,调动学生的主体参与意识,增强学生的求知欲。具体做法是:"三要"即:一要放权,让学生多读、多写、多说、多做;二要给权,给学生自己思考、自己学习的权利和时间;三要给机会,营造和谐民主的教学氛围,给学生创造发展自我的空间。三是开展课外活动。这也是激发和培养其学习兴趣的重要途径。苏霍姆林斯基把课外活动称为"第二兴趣的发源地"。根据学生的实际,可开展诸如歌曲、背诵课文、朗读小诗、阅读比赛、故事会、角色扮演、情景会话等活动,让学生最大限度地参与,积极地实践,切实体验学习的乐趣。

### (三)用赞赏的语言激"活"课堂

莎士比亚说过:"赞美是照在心灵的阳光,没有阳光,我们不能生长。"美国的心理学家威詹姆斯指出:"人类本性的需要是渴望得到别人的欣赏。"林肯也说:"每个人都希望得到赞美。"因此,老师要非常注意学生在学习上的点滴变化,聚焦他们的每一点进步,及时地肯定与表扬,真诚地赏识与赞美,以满足学生的荣誉感、成就感,调佳心情,调优心态;同时还要不断地创造机会,让每一个学生都尝试成功,体验成功。

## 二、灵动的课堂是动感的课堂

新课程理念下的课堂教学,以学生的发展为本。作为一种教育教学的理念贯穿于整个教育教学活动中。在这种理念的指导下,学生主动参与课堂活动,积极开展研究性学习,勤于动脑、勤于动手,乐于动口,积极主动学习的积极性普遍高涨。因此,一堂好课应该是"动感"的课堂,教师动了起来,能够充分发挥自己的主导作用;学生动了起来,成为了学习的主体。课堂上,师生互动,彼此交流感情,分享学习的成果,享受共同学习、共同研究的快乐。新课程理念下的课堂,教师应该为学生创设一个独立思考的思维空间,为他们搭建自主、合作、探究的学习舞台,使我们的课堂真正成为师生共同参与的课堂,是富有灵性的课堂,是充满生机的课堂。

### (一)让教师动起来

教师动起来,就要走近学生,走进学生的心灵。了解学生的心理状态和学习的需求,知道有哪些需要获取的,还有哪些不足的需要弥补。哪些学习的方式适合学生的学习,一节课需要让学生掌握哪些基础知识,根据教学内容的需要,依据学生的学习实际情况,应该做哪些知识的延伸。首先,教师在备课时必须让心动起来,让眼动起来,让手动起来。备课不能只备教材,而应该更多地考虑学生,考虑这节课学生应该学会什么,用哪种最佳学习方式,怎样在课堂上让学生活动,怎样开展活动。教师走向学生的同时,必须走向教材,研读教材,因为教材是进行教学的主要依据。教师了解了学生,结合着学生的学习实际情况,制定自己的教学计划、设计课堂内容、布置课堂作业,延伸课外学习的内容。所有这些都是教师必须关注并深入研究的。教师把握了教材,研究透了教学目标,设计好了课堂活动,调控好了课堂气氛,有条不紊地开展教学活动。我们的课堂一定会富有生气,充满灵动。

## (二)让学生动起来

让学生动起来,就必须确立学习的主体应该是学生。在一节课当中,学生获得知识的多少,不在于教师输出了多少知识,而在于学生通过自己的探究获得了多少,教师课堂教学效率的高低,不在于教师讲了哪些重要的内容,而在于学生学会了哪些有价值的东西。首先,教师要激发学生的学习兴趣,学生有了积极性就会有能力探索。其次,要让学生动起来,教师要让学生的思维动起来。鼓励学生勇于质疑,敢于表达自己的见解,要为学生提供思考问题的空间;再次,让学生动起来,要求教师面向全体学生,让他们合作学习,小组探究。如果学生能够在交流中相互启发、相互补充,产生新的思想,那就会让我们的课堂教学达到一个新的境界。

【案例 5－4－2】

小学语文《蝙蝠和雷达》,课堂上,要了解蝙蝠与雷达之间的关系,首先是了解蝙蝠夜间飞行靠的是什么,课文中作者写了科学家的三次试验。

第一次试验怎样进行的?试验结果怎么样?完成表格。

| 试验条件 | |
|---|---|
| 试验情况 | 第一次试验　蒙住蝙蝠的_____　结果 |
| 试验结论 | |

第二、三次试验怎样进行的？试验结果怎么样？试验结论是什么？读课文第五小节，完成表格。

| 试验条件 | |
|---|---|
| 第二次试验 | 塞住蝙蝠的_____ 结果 |
| 第三次试验 | 封住蝙蝠的_____ 结果 |
| 试验结论 | |

通过小组讨论，了解三次试验的条件和结果。在小组活动期间，教师进行巡视，对活动中出现的问题及时指导，同时采用不同的引导方法，调动学生积极性，学生的学习主动性较高，条理也比较清晰，学生在交流中相互启发，较为轻松地完成了学习任务。这样的合作活动，既激发了学生参与学习的主动性，又培养了学生的协作精神。

### （三）让师生互动起来

让师生互动起来，课堂是师生之间的交流，需要师生之间的互动，需要师生共同分享知识，共享进步。教师要为师生互动创造条件，提供平台，创设良好的教学气氛和环境，建立和谐的交流机制，使学生在课堂上不仅满足于基础知识和基本技能的提高，更有利于形成积极的人生态度和情感体验。师生互动必须是心与心的交流，这样的交流才能做到思想与思想的融合。教师对于学生的回答必须给予及时反馈，应以鼓励性评价为主，让学生在师生互动中得到一次次的赞许，得到一次次的成功体验。从而使他们真切感受到自信心的增长和学习过程中无尽的乐趣，新课程背景下的课堂，应该是和谐开放的课堂。教师应该明确自己的角色。成为课堂活动的组织者，学生学习的合作者。"动感"课堂应该成为师生互动的阵地，心灵交流的场所，只有这样，我们的课堂才会充满灵性和活力。

## 三、灵动的课堂是有风格的课堂

一般而言，课堂教学风格具有以下三个方面的特征：一是教学的艺术性，指教学过程中技能技巧的运用恰到好处，体现着一种艺术效果，给人一种和谐、流畅的感觉，充满着一种艺术感染力。二是教学的独创性,指教师对教学内容的处理、教学方法的选择和教学过程的组织上具有独特性,教师个人的创造性思维在课堂教学中得到充分发挥和运用。三是心理品质的稳定性,指某一教师在长期的教学实践中所一贯坚持和追求的,体现着教师个人良好的心理素质、鲜明的个性以及建立此种教学风格的高度自信心。教学风格能被教学对象直接或间接地感知和描述,教学风格的形成,对提高课堂教学质量有着重要作用。

## (一)调动学生的一切非智力因素参与学习过程,从而提高课堂效率

有风格的教师还能以高度负责的态度,采用多种方式接近、了解、尊重学生,和学生沟通感情,以此吸引学生,使师生之间在课内外保持一种良好的人际关系,在精神上达成默契,理智上产生同频共振,情感上产生强烈共鸣,从而使学生积极地调动自己的各种非智力因素,使它们处于最活跃的状态。所以,有风格的教学是一种高质量、高效率的教学。

## (二)为学生提供审美性的学习方式,从而提炼和升华课堂教学的艺术性

审美性的学习方式必须凭借形象思维进行联想和想象,当人的视听器官接触到美的物像时,其思维可海阔天空地进行自由想象,进而在学习者的头脑中出现各种奇迹,如文字符号会幻化出各种栩栩如生的形象,书本中的静态理论会长出生命。有风格的课堂教学是逻辑思维和审美思维的统一,有风格的教学,教师不仅科学地把握教学特点,同时审美地把握教学过程。如教学内容深浅疏密的合理分布,重点与非重点的准确把握,难点的适当分散,疑点的巧妙处理。在教学方法上,灵活机变,审时度势,使原本传统的生硬呆板的教学关系转化为生动、积极的审美关系。一旦审美思维进入教学并与其他因素贯通一起,将赋予课堂以生机,使学生的学习进入到一种有滋有味的美的境界,体验着大纲未规定的看不见的感受、灵性等更深层次的内容。

## 【案例5-4-3】

在小学语文《笛声》的课堂中,教师对重点句"它时而在无限清幽的深谷里啼转;时

而仿佛在春天的林木深处喧噪;时而又变为群鸟的啁啾……"的教学,采用内容和形式并重的方式,先从语言表达形式——排比句和省略号的表达效果,理解体会笛声的变化快、变化多。然后让学生尝试朗读,在学生读不出变化的情况下,适时播放音频笛子独奏,学生倾听笛声的变化,教师辅以简洁的说明,帮助学生体会笛声的变化,学生再次尝试朗读,读出了变化。借此机会,教师示范朗读,再次引领学生体会笛声的奥妙,使学生的学习进入一种美的境界,感受到聂守信对笛声的痴迷、对音乐的热爱,真正做到不仅让学生知其然,而且知其所以然。

## 第五节　给儿童丰富的学习经历

在教学中,"丰富"是指课程内容、意义的多层次性,教学方法的多样性,从而体现出学生学习的多种可能性。课堂教学可以从两个方面对其"丰富性"进行解释:内容方面和形式方面。内容,即所教内容要体现丰富性。形式,即所教的方法要体现多样性。

## 一、整个世界都是教室

如今我们所谈论的"学习"已不仅仅指学校的学习、课堂上的学习,现在的"学习"有了更多的内涵,学习的内容是丰富的、是多层次的,这也要求我们教师为符合学生的学习需要,及时调整自己的教学内容,所呈现的教学内容也应该是丰富多彩的。

### (一) 多姿多彩的课堂教学

在课堂教学过程中,充实课堂内容是一项十分重要的工作,是为了更行之有效地推进课堂教学。课堂教学内容过于单一,会令学生觉得索然寡味。要激发学生对学科的学习兴趣,并使之长久地保持卜去,教学内容起着决定性的作用。由于教材内容有限,无法将许多内容一一罗列,因而教师可以根据教育教学的需要,在教学时间允许的条件下,适当补充一些新鲜的、有趣的、富有内涵的教学内容,使教学内容更加丰富。这不但有利于激发学生的学习兴趣,增广学生的知识面,还有利于学生学习能力的形成,学习素养的提高。例如,在语文课本中有不少与历史有关的课文,有《狼牙山五壮士》、《飞夺泸定桥》、《手术台就是阵地》等等。在学习这类课文的时候,为丰富课堂内容,提高学生兴趣,我们老师往往会介绍一些历史背景,增加学生的历史知识,学生学习时兴趣盎然。又如,在英语课堂中学习单词或是句子的运用时,老师可以加入一些视频,让学生了解如何将这些词语或句子合理地运用到生活中去,然后再创设情景,可以是问路等的生活桥段,可以是自我介绍等的运用,让学生们入情入境地学习,才能更好地理解知识点,感受学习的魅力。丰富、充实的教学内容,不仅可以大大激发学生的学习兴趣,也可以使原本的知识点学得更加有效。

### (二) 书本不是课堂的全部

叶圣陶先生说得好:"教材无非就是个例子。"教材的学习,实际上是为学生的课外学习提供一个范例,在潜移默化中架设一座连接课内外知识的桥梁。我们的教材编排在内容和数量上都会受到一定的局限。如果一个学期的教学,仅让学生了解教材上的内容会过于狭隘,不利于学生学习与自身发展。所以,我们在教学过程中,不能把内容仅仅局限在课文上,更应该让学生明白课堂的学习是为了让他们更好地去了解更多的知识,帮助他们阅读更多的书籍。如在语文课本中,常会选取一些名家的作品,巴金、冰心、老舍等都是我们熟知的作家,老师在教学的同时,也会对这些作家进行介绍,并推荐作家的其他书籍,让学生在课后进行阅读。借助语文书去激发学生的阅读兴趣是丰富学生学习的一个很重要的途径。让学生因对课堂的学习产生兴趣,而走进书本的海洋中遨游。饱览群书,丰富涵养,收获学习的成果。同时,老师们可以定期向学生推荐书目,然后开展一些读书交流会,让学生们畅谈自己阅读的内容、阅读的心得,以此丰富学生的知识,互相促进成长。

除了阅读,走进自然、探索世界也是丰富学习的很好方式。俗话说"自然是孩子认知世界最好的书本。"让学生知道外面的世界很大,整个世界都是学习的课堂,整个世界里充满了各种各样的知识,需要自己不断地去探索、去了解,他们最终会发现学习是多么丰富多彩。

### (三) 学习不仅是知识的获得

学习不仅仅是学习课本上的知识,也是掌握学习的方法,更是丰富自己的学习经验、学习体验的过程。为了进一步强化和内化课本知识,可以开展一些实践活动,如语文学习中演课本剧、做小小广播员等。

**【案例 5‑5‑1】**

  小学语文《燕子专列》一课中，学习"政府通过电话和广播呼吁人们立即行动起来，寻找燕子，把他们送到火车站。"一句中的"呼吁"一词时，并不是通过简单的理解词义或找近义词的方法来进行理解，而是设计了一个"我是小小播音员"的活动，让学生们做一回播音员，通过广播的形式将文中政府想要传达给市民们的想法说一说。在学生发言时，老师将事先准备好的小话筒递给学生，学生的积极性一下子被激发了，都跃跃欲试。在学生交流的过程中，当学生表述的内容不准确或不完整时，老师及时引导学生要联系上下文进行说话练习。当学生表达的语句不通顺或不正确时，老师及时纠正，引导学生用规范的语言进行表达。学生在这个过程中，既加深了对文本内容的理解，又加强了语言的表述能力。这样的学习过程，既让学生学习了知识，又锻炼了能力，可谓一举两得。

  活动的过程本身是一份丰富的课程资源，也是一次难得的学习体验。苏联教育家苏霍姆林斯基曾经说过："儿童的智慧在他的手指尖上。"这句话的意思是说，儿童多动手操作会促进智力的发展。放在这里说，旨在说明在学习过程中，不仅仅是对文本上那些文字、数字、字母的学习，也可以通过动手操作来建立学生的表象思维，是学生的直观学习，把书本内容生动化，让学习更加形象，课堂学习的气氛不再是讲和听的形式。比如，让学生在课外做做剪报，把用到的知识、语句剪下来，增加记忆，将学习变成一种有趣的体验。或者让学生走进生活，用学过的知识进行宣传、表演，或是进行一些小调查来帮助自己进一步学习等。在语文课本中有许多科普类的文章，在学习此类文章时，老师们可以引导学生在学习课文前上网查阅资料，或者在课后让学生们选择自己感兴趣的内容制成小报在教室里进行展示，增加学生学习的实践活动，让这些实践活动促使学生真正将学习的感受、感知有机地融入自己原有的认知结构中，进而强化学习能力，探究新问题、生成新能力。

## 二、学习不是平面、受局限的

  我们说到学习不应该是单一的、平面的，是被课本学习局限住的，而应该是丰富的、立体的，是课本学习的拓展和延伸。那么如何使学生的学习能够更多元化？除了丰富学生学习内容之外，我们老师也应该丰富我们的教学形式，以激发学生的学习兴趣，使学生的学习更加有效。

### （一）教学方法要多样灵活

在我们的课堂上，教学不是单一的，往往都是对学生综合能力的培养和训练。对于技能的训练绝不能采用单一的方法，否则既收不到较好的教学效果，也可能使学生们失去学习的兴趣。所以，在教学时我们应采用多种方法进行教学。教学中可以充分利用学生的多种感官，使学生获得不同的体验，从而促进学生全面发展，比如针对小学生喜欢图片、动画的特点，我们可以充分利用好多媒体来丰富我们的课堂教学。老师把一首优美的旋律或是一幅生动的图画带到课堂中，直接刺激学生的感官，引起学生的注意。音乐可以渲染气氛，图画可以烘托课堂效果，根据所教内容，利用图片、音频、视频等手段，促进学生在课堂中多听、多看、多思、多说，对培养学生形象、情感、色彩等感知力有很大帮助。

【案例5-5-2】
小学数学《有余数的除法》一课中，对于低年级学生而言，要理解"余数"，光用概念性的语言是不够的，学生很难明白。为了帮助学生更直观、更形象地理解"余数"的概念，老师在课前为每组学生准备了精美、可爱的教具以辅助学生们的学习。学生们根据老师的要求摆放道具，在这个过程中，学生们逐渐发现有的除法是不能除尽的，会有余数。卡通形象的道具可以很好地吸引低年级学生的注意，激发他们的学习兴趣。同桌合作学习，摆弄道具，又让学生在实践操作中逐步理解"有余数的除法"的概念，为完成计算打下良好的基础。根据教学内容，设计灵活多样的教学方法，是提高课堂质效的重要方法之一。

另外，结合游戏进行教学也是一个较为有效的方法。小学生们活泼好动，喜欢各类游戏活动，利用这一特点，让学生们在游戏过程中享受学习的快乐，提高教学效益。特别是低年级的教学中，我们往往看到在各个学科的课堂中，老师们都会增加一些游戏环节来调动学生的学习积极性，如语文课堂中的"邮递员送信"、"叫号游戏"、"送小动物回家"等等，帮助学生巩固所学知识。数学课堂中"看谁数得快"、"谁是计算小达人"等等,可以及时检测学生们的学习情况。同时,根据小学生好奇心强、求胜心重的特点,老师们在教学过程中也可以适时引入竞争机制、奖励机制,充分调动学生们学习的主动性和积极性,激发学生的内在驱动力,让学生更乐于学习。生生之间、师生之间的高互动为整个课堂教学营造出一种轻松愉快的气氛,有效地提高课堂教学的质量。

### (二) 探求深度学习的秘密

深度学习,是在一定的学习量积累的基础之上质的飞跃,是学习能力的质变和新实现。深层学习意味着理解与批判,意味着联系与构建,意味着迁移与应用。简单来说,深度学习需要学生在理解的基础上,拥有自己的学习心得,并能够将已有的知识迁移到新的情境中,尝试解决新的问题。

就本质而言,深度学习是一种学习理念,体现了主动学习、探究学习、协作学习以及终身学习的思想。就学生而言,如果学生能够学会深度学习,这也就意味着他们的学习更具有主动性,真正地从被动"吸收"变成主动"索取"。深度学习者能够根据自己的兴趣、爱好以及需求开展学习,来满足自己的求知欲,获得更多的知识,提高自身的素质。老师在平时的教学中可以有意识地进行一些设计,让学生能逐步转向深度学习,如让学生搜集资料并试图找出其联系、开展头脑风暴、进行教师以及学伴的交流讨论、反思自己的学习、经常提问、把所学知识和日常生活相结合等,带领学生们以积极主动的学习状态,带有探究式学习的特点来进行学习。从学习结果来看,深度学习者学习得更多,理解得更深,解决问题的能力和创新能力都有很大的发展。所以,在现代的教学中,老师们除了教会学生们一些知识以外,更应该引导学生能够激发自己内在的学习动力。特别像作文学习,大部分学生都特别害怕写作文,往往呈现出无从下笔或无话可说的状态。对于写作,老师们首先应该做的就是激发学生内在的学习动力,让学生们先要喜欢上写作,才能做到去探究如何写好作文。所以,在平时的教学中,老师们可以引导学生学会观察生活、记录生活,丰富学生的写作素材。以小日记的形式让学生写下自己想写的事或者想说的话,多多鼓励学生写作,多肯定学生写的内容,激发他们写作的兴趣。当他们有了我想写、我要写的动力,他们才能去主动探求写作的方法从而提高自己的写作水平。

### （三）"学会"与"会学"的融合

所谓"学会"，就是学生在学习过程中，通过老师语言讲解、实践活动等多种形式，启发思维，进行有目的、有针对性的练习。在逐渐理解知识点的基础上，最终达到"学会"的目的。而所谓"会学"，指的是学生对所学内容产生兴趣，在有效的学习策略指导下，经过一个阶段的学习，达到学会目的的同时，体会学习的乐趣，从而产生学习的主动性，投入到更多的学习中。如果说"学会"是先导，那么"会学"就是根本。让学生初步掌握知识点，即对"学会"有了理性感知后，让学生通过自主的学习和操作进行感悟，学习触类旁通地去"会学"其他的相关知识。

比如在研读语数英不同年段的教材后，发现许多知识点在整个小学课程中是有连贯性的，许多要求掌握的知识点会在课本中反复出现。在教学时，教师可以将这些知识点进行系统化学习，将所学的内容进行有机联系。如果只是孤立地根据本学期的教学要求来处理教学，忽略"将要学的"或"已学过的"知识，很容易造成重复学习。在教学过程中，老师根据课程设计理念，整合课外内资源，根据学习内容的深浅做适当的渗透，或是根据所学内容的难易程度做适时的复习巩固，让学生学会知识的迁移和延伸，真正地掌握好所学的知识，才能将"学会"与"会学"有效地融合在一起。

总之，课堂教学应该是一种开放型的、丰富性的融合教育方式，教学内容、教学手段多样化，让学生在学习中不断积累和消化知识、培养他们的能力，让课堂教学更加丰富多彩，让课堂更多滋多味。

第 六 章

# 一棵树摇动另一棵树

雅斯贝尔斯说:"教育就是一棵树摇动着另一棵树,一朵云推动着另一朵云,一个灵魂唤醒另一个灵魂"。在一所学校里,教师的专业成长决定了这所学校的生命力。这个生命力的持续旺盛有教师个人自由成长,更需要团队和骨干教师的引领。

## 第一节　笃志前行，个体成长

所谓成长，主要有两种含义：一是"长大"，二是"向成熟的阶段发展"。成长不一定是成熟，但成熟一定是一个成长的过程。植物的成长离不开"水、阳光和雨露"等外界条件，而人的成长除了外因，更离不开人自身这个内因。教师发展是学校发展、学生发展的前提与保证，与教育教学、制度建设、课程建设、学生工作等共同构成学校教育的主体。作为一个系统、综合的工程，教师发展不能完全通过行政手段加以驱动，更应激活教师个体自主意识下的主动发展。

## 一、态度决定高度

站在教室讲台上的那个人，决定着教育的基本品质。因为所有与教书育人相关的活动，都有一个共同的指向，那就是教师。"教师是教育过程中最重要、最关键、最基础的力量。"没有教师的发展，学生的成长，就成为无本之木；没有教师的研发，课程就成为无源之水；没有教师的实践，理想课堂就成为水中之月。教师职业价值使教师的职业尊严感和神圣使命感油然而生。

制约教师专业化发展的因素无疑是多样的，如环境因素、学校因素、群体因素和个人因素，而个人因素是影响教师专业发展最直接、最主要、也是最根本的因素。教师对于职业价值的认识和追求，教师自主发展的需求和动力，教师应对教育改革挑战的态度和能力，教师自身的专业结构如专业信念、专业能力、专业自觉等，是从根本上影响教师专业发展的关键因素。正如狄更斯所说："在这个世界上，我们无法选择工作，但对工作的态度,我们却有权利有责任去认真选择。"

一个人的成长,主要来自内在的驱动力,它可以说是一种信仰,也可以说是一种态度。作为教师,对教育事业的理解和无限追求、对学生的积极感情,便是教师成长的内在驱动力。

一名刚毕业的学生,成为一名教育战线上的新兵,必然会在很多地方不知所措。而经过五天的岗前培训,小周老师在自己的培训总结中这样写道:当教师意味着亲历创造"过程"的发生——恰似亲手赋予一团泥土以生命,没有什么比目睹它开始呼吸更激动人心的了。学生是我们生命的延续,我相信,只要捧着一颗诚挚的心,即使偶感辛苦,也总能体会到这份职业给自己带来的那种与学生呼吸相通,忧乐与共的幸福感。我们终将有属于自己的"讲台",终将有属于自己的"桃李芬芳",我们将不断开垦自己的"一亩三分田"。

通过五天的培训,年轻的周老师心中,已然对自己未来的教学生涯有了一份愿景。而这份愿景实现的过程中,必然会有荆棘、坎坷,可是我们相信,每当遇到困难时,她总能想起自己写过的这段话语,鼓励着自己、支撑着自己,面对工作中的一个又一个挑战。


## 二、积累成就厚度

尼采说:"要真正体验生命,必须站在生命之上。为此要学会向高处攀登!为此要学会俯视下方!"教师本身就是知识的传递者和创新者,如果教师不读书,不学习理论,他何以传递和创新知识? 教师在埋头实践的同时,只有时时汲取理论的营养,才能跟上先进理念的步伐,以全新的高度审视自己的行为。

"没有教师的阅读,就没有教师真正意义上的发展。"因此学校历来重视教师的阅读。读书活动的推进过程是校长室每月向教师推荐阅读书目,包括人文素养、教师技能与专业发展、现代管理等方面的书籍,每学期不断提供适合教师研读的书籍。同时,学校制定"站在巨人的肩上"读书活动方案,进一步落实实施研读方案,开展系列读书活动,坚持做到每学年有推荐书目,每学期有一本精读书目,定期开展读书交流活动。

阅读,是青年教师专业快速成长的前提。与教育家对谈,是教师成长的前提,也是教师教育思想形成与发展的基础。具体读什么？我们指导教师结合自己的教育教学生活,学习心理学的经典思想、教育哲学的基本观点、人类最好的教育经验及他所教学科的知识精华及成功案例。《听窦桂梅老师讲课》《经典课堂案例和设计》等这些书籍都是学校图书馆的好书。从这些优秀的书籍中,教师吸取养料,慢慢成长。它们是教师们最好的老师。教师利用假期多看些书籍,陶冶情操,不论是专业的书还是非专业的书教师都应该读。专业书籍的阅读、领会以及再发挥与教育实践相结合,对于解决我们实践中遇到的困难、困惑会大有裨益。

朱永新说过,一个人的精神发育史就是一个人的阅读史,读书不一定成就名师,但读书一定能促进教师实现专业成长,读书的教师内心一定是平和而幸福的。非专业书籍的阅读同样重要,它会从另一个角度来拓宽我们的思路,从更加广阔的程度上来增加我们的智慧。

同时,借助学校的和馨论坛、青年教师的朗诵比赛等活动,我们的教师们能聚在一起分享自己的读书心得。在不断的交流、学习中,智慧得到碰撞,激发出不一样的火花。

教师的教学不同于研究人员的科研活动,它具有明显的情境性。在这些情境中,教师所采用的知识来自个人的教学实践,具有明显的经验性;教师的教育理论知识是指教师所具有的教育学与心理学知识,它是一个教师取得成功教学的重要保障。"一个人因学习而拥有,因学习而丰富,因学习而发展。"这一切都源于不断的学习与锻炼。让学习成为一种习惯,让积累成为一种自觉,让阅读成为教师成长的基本要素。

## 三、反思拥有深度

美国著名学者波斯纳曾经提出一道公式:教师的成长＝经验＋反思。所谓经验,是指教师由教学实践得来的知识和技能;所谓反思,是指教师对实践中的教育问题和情境作出自己的分析和评价。只有学思结合,才有可能逐步从自发提升为自觉。

个人成长的过程是一个不断修正错误和逐步完善的过程,教师的成长也是在不断总结错误的过程中实现的。因此,教师应该在对教育永无止境的不懈追求的过程中,及时积累和反思。反思最实用的,至少有两种:一种是自己对自己课堂教学的评价反思;另一种是通过对他人课堂的学习来对照自己课堂进行的反思,即在比较中寻求发展。教学是反思的基础,反思是教学的升华。只有不断地"实践"、"反思"、"再实践",自己的课堂教学才真正地做到实处。同时,我们也要善于总结经验,既包括总结自身上课的不成功之处,以利于改进,也要注意学习老教师上课的长处,孔子说"三人行,必有我师焉。择其善者而从之,其不善者而改之"。

郁燕老师在自己的《成长小故事》中和我们分享了她的反思:本周听了金琳老师的《三角形与四边形》,自己也上了这节课。在《三角形与四边形》这节课,我第一个要煞费苦心的,就是让学生懂得三角形是由三条线段围成而非组成的图形。为了"围成"与"组成",我们往往要花去很长的时间,并常常为此设计而津津乐道。反思一下,如果我们不去区别"组成"与"围成",或者说不把"围成"突出来讲,学生难道就会把"没有连接在一起的三条线段组成的图形"看成是三角形吗?我看百分之百不会。

同时,由这堂课的反思,她联想到了在数学这门学科的教学中,目前存在的问题:数学课上,我们往往喜欢教语文,喜欢去咬文嚼字,看似深挖实质问题,实际是渐离实质。对于一个概念的学习,我们不能只注重它的定义,我们更应该重视的是帮助学生形成丰富与清晰的心象:学生能画出多少个形状不同的三角形,学生能自主地在这些三角形中找出相同的特征并把它们归类吗?一提到钝角三角形、直角三角形,学生的头脑中就能浮现出各种表象吗?为什么学生作业中经常会出现"小明身高 1.5 厘米"等数学笑话?因为我们对定义的关注,也许超过了对形象与它所代表的实际意义的关注,而后者的重要性要远远大于前者。

教学能力提高的关键,就在于工作实践中是否善于观察反思,是否善于动脑质疑,在于是否能发现问题、研究问题、解决问题。只有勤于学习、不断反思、乐于钻研、善于总结,才能一步一个脚印地走向成功。我们相信,只要教师坚持写教育随笔,写教学反思,坚持积累成功教育案例,积累自己哪怕是点滴的思想火花。久而久之,他们便会拥有一笔多少金钱也买不来的"财富。"

## 第二节　独木难成林，组"坊"共成长

　　醇美教育的教师成长，有一个最显著的特点：不是教师独处"象牙塔"里闭门修炼，而是教师与教师、教师与学生、教师与家长一起在日常的教育生活中共同成长。共同成长，符合教师成长的基本规律，这是最科学、最有效的教师成长途径。

　　青年教师是学校教师队伍的生力军，抓好青年教师专业成长才能使学校的明天发展得更美好。青年教师精力充沛、思想活跃，接受新兴事物快，工作有激情，但是他们的教育教学经验相对缺乏。如何让青年教师在群体内更快速成长？我们尝试成立青年教师互助工作坊，借此来探索有利于青年教师专业发展的良好途径。

　　青年教师工作坊集合了一批志同道合的青年教师，以静心阅读、潜心研究、扎实课堂、融合共生为基础，从教师教学素养提升入手，构建多种交流互动平台，在共性文化中逐步明确自己的教育理想，凝炼教师群体及个体的教育研究专题和教育教学工作特色。

## 一、众人拾柴火焰高

　　一个人可能走得更快，但一群人才能走得更远。醇美教育主张："在专业阅读、专业写作的基础上，借助专业发展共同体提升教师的专业化水平。"这是一个极具宽广胸襟、极富于智慧的促进教师成长的举措，因为共同体营造了一个成长的绿色生态环境，教师可以"站在团队的肩膀上飞翔"。

　　青年教师互助工作坊按学科分设语文、数学、英语三个学科组，采用自主研修的形

式开展活动,工作坊成立之初,学校给予各组活动建议:

## (一)用阅读叩击教育的心灵

我们以专题阅读交流为重要路径,以教师专业素养的提升为聚焦点,引导老师们思考"教师专业素养有哪些?""哪些因素能提升教师素养?"等等,阅读相关理论,分享自己的思考与成功的策略。做到教育观念共学习、教学模式共探讨、集思广益共成长。通过阅读,青年教师们在名师的教育案例中获得"儿童立场"的滋养,分享着学科领域的成功经验与有效策略,内化了教育理念。

## (二)在实践中增长教学的智慧

互助坊成员大多是有一定教学经验、有更多发展潜力的青年教师,因此我们的重点不再是简单地进行教学行为的规范,而是从更高目标——怎样通过教师个人的实践去影响学生的思维方式的角度来思考教育实践问题。青年教师以学科专业素养为抓手,引领每个教师静下心来思考一个个课堂现实场景,从理论的建构与实践的个人解决方式等方面,形成围绕主题的教育(教学)案例。

## (三)用活动丰富团队的生活方式

教师活动,不仅仅限于教学活动,还有更为广阔的生活范畴。一般而言,只有会合理安排工作与娱乐生活的人,才能从教育学的立场——人的发展层面,更好地思考教育问题。青年教师互助坊在全校教师集会时开展了醇美课堂论坛、"'与学生同行'师德演讲比赛"等数次活动,他们面向全校教师,抒发教育理想,阐述自己对教师形象特质内涵的理解,用生动的案例记录与学生的同生共长,表达对学生的倾心呵护与关爱。

## (四)在视野的延伸中理解教育的价值

我们还常常跳出教育看教育,站在社会和家长的角度来思考学校的育人目标及路径。几年来,我们邀请了儿童文学家曹文轩、影红等来校与互助坊教师交流,在与大师的对话中体验他们眼中孩子的内心世界;我们来到区博物馆参观感受贤文化积淀下的教育文化发展;我们邀请老园丁讲师团来学校作师德报告、区域发展的形势报告,大家穿越时空的隧道,在历史的长河中感受着奉贤发展的进程,进一步把自己的工作与建设南上海品牌教育的责任感和使命感紧密联系起来。

在成事中成人，在成人中成事，青年教师互助坊活动以教师的自主需求为载体，以学校多元平台创设为基础，以团队自主研修为方式，为不同层次的教师开辟了一条个性化专业发展的有效路径。

## 二、小荷才露尖尖角

互助工作坊有三个学科团队，他们以平时教学中出现的共性问题作为话题、以教学评比后的集中反思进行问题诊断、以比武课的磨课、以市区级评比考核等任务驱动开展深入研讨。有时在研修教室，有时集中在某位同伴家里，有时相聚在咖啡屋……下面以学校互助坊语文组的活动为例，介绍其活动过程：

### （一）一双发现的眼睛

首先，每位老师提出了自己在教学中存在的一些困惑，然后，我们将老师们提出的困惑进行整合。最后，组长周爱玲老师根据大家提出的问题，提出本学期工作坊目标解决的三个问题：

（1）一年级如何进行扎实有效的拼音教学？

（2）高段阅读教学中，初读后还需要词语教学吗？如果需要，又该怎样教学？

（3）语文课上，反反复复地朗读，怎样才能做到有效指导呢？

本次的教研活动针对第三个问题进行研讨，提出研讨主题为：阅读教学中如何进行有效的朗读教学。

### （二）一双勤劳的手

老师们利用工作之余查阅资料、参加培训、请教有经验的教师，学习了一些朗读指导的方法。在本次研修活动中，我们请几位老师分享了一些朗读指导的方法。如：创设情境激趣法；重点词句品味读；角色转换想象读；借助提示辅助读；标点符号解析读；独具匠心变式读，供大家一同学习。老师们都提纲挈领将一些朗读指导方法的操作要点以 ppt 的形式展示出来，让参与活动的其他老师一目了然。

### （三）一个实践的团队

根据学习的朗读指导的方法,利用十到十五分钟时间当场进行朗读教学的片段教学设计,并当堂展示。

我们将工作坊成员分成了四个小组,分别对二年级课文《水上飞机》、四年级《一夜的工作》两篇课文的片段进行教学设计和课件设计,突出对学生的朗读指导。每组派一名代表进行朗读指导的教学展示,其余老师做学生配合教学。在研修活动中,老师们分工合作,短短十五分钟就设计了片段教学的教案、课件,当堂进行教学展示,一位是主讲老师,其余成员都成了他的学生,有滋有味地上起课来。这种实践研修方式在工作坊研讨磨课时是最常用的方法,所以各位组员都能得心应手。

### （四）一位出色的舵手

导师对本次的研修活动进行点评,并提出下阶段的研究任务。

此次活动,工作坊邀请了学校分管语文学科的教导主任、语文教学的专家郭燕红老师参加。她全程参与了研修活动,感受到了整场活动中大家思维的碰撞、利用集体智慧把教学中遇到的问题解决的方法策略,感受到了青年教师的执着和热情。对于工作坊从教学中的小问题入手,经过理论学习、课堂剖析、集体反思,从而找到解决问题的策略的研修方式,郭老师大加赞赏,并祝愿每个老师都能踏上一条由"问题——计划——反思"铺设的问题式研究旅程。郭老师也提出了要求:阅读教学中如何进行有效的朗读指导,你们已经提炼出了一些常用的教学策略,还需要我们不断学习实践完善。学校后续还将开展区"双名三优"的展示课活动,我们工作坊的老师们可以在本次研修活动的基础上共同商讨制定一份课堂观察预案,让朗读教学的研究进一步深入。

在导师郭燕红老师的建议下,工作坊的老师们明确了后续的研修任务:

从以下几个方面共同研讨,设计一份课堂观察预案:

（1）教师在教学中采用哪些朗读指导的策略,效果如何?

（2）你认为教师设计的"朗读"哪些是侧重于帮助学生感悟课文内容的? 哪些是侧重于积累、发展语言的?

（3）观察指导前后朗读的"质"的变化,并分析原因。

语文组以教学实践中带着共性的小问题为研修切入点并有计划地将理论学习和

教学反思、教学实践有机结合进行研修,参与活动的每一位成员都能入耳入心,落实行动。

青年教师互助工作坊成立至今不到一年时间,因为是一群朝气蓬勃的年轻人组成的团队,坊间活动自主自由充满挑战。正如青年教师互助坊的沈韵老师说:工作坊开展研修活动时,我们时刻谨记市教研员朱浦老师的话:"我们要走在大路上。"我们坊里的工作被"乐学杯"和"文游杯"填满,就是在发现问题和解决问题中,在把一堂课不断深挖细掘的过程中,我们收获感悟了很多。我们研究组获得了乐学杯单元设计三等奖,王婷老师代表奉贤参加市教学评比荣获一等奖,让我们充满动力。希望我们能在工作坊这个小小的家庭中,一起工作,共同进步,共同成长。


## 三、为有源头活水来

学校在"以校为本"的新理念指导下,以服务校本研修为核心,以网络架构为平台,充分利用现有的校园网络资源,构建校本研修高效平台,为教师专业成长搭建融教研、科研、培训和信息技术为一体的专业支持体系的研修模式。青年互助坊这个由一群朝气蓬勃的年轻人组成的团队,坊间活动自主自由充满挑战,将网络研修活动的功能与意义发挥得淋漓尽致。

### (一) 跨越时空的学习

校本研修是一种理论指导下的实践性研究活动,理论指导、专业引领是校本教研得以深化发展的重要支撑。为此,我们积极寻找、利用一些优秀的学科网站,因为在那里有教材、刊物的编辑、有教研员和特级教师,也有学科权威,他们或讲授观点,或指点技巧,或组织相关研讨,令我们受益匪浅。因此,我们学科组教师们将得到的资料整理后上传到研修平台;我们还充分利用网络教研平台"课堂实录区",从网上下载一些名师的课例,让老师们点击观看、揣摩。通过网络我们实现了教师与专家、名师对话交流的愿望,在他们的引领下,大家开阔了视野,汲取了先进的教学经验,教学理论素养和教学研究水平得到了较快提高。

### （二）思维激荡的研修

就校本研修的内涵和它发挥作用的机制而言，必须是教师集体的活动，唯有教师集体参与，才能形成一种氛围、一种文化。为此我们非常注重同伴间的合作互助，大胆探索网络环境下的教研组建设。借助网络，集体备课：这种没有时间限制、没有空间约束的集体备课，使教师的脑力资源得到共享，教学差异得到互补；借助网络，交流困惑：对于我们在教学实践中遇到的问题、困惑则以主题帖的形式挂到相关栏目，接受同伴的帮助，老师们有的结合自己的教学经验发表见解，有的到网上查找相关理论，不管哪种方式都给受困者以启迪，也让所有参与研讨的老师通过对各种信息进行融合，在思维碰撞中产生新的灵感。

### （三）火花四射的磨课

我校在网络环境下根据各个教研组不同的研究项目主题，开展了连环跟进式校本研修活动：一堂课由同一位老师几次反思实践形成的"经验 + 反思 = 成长"的连环跟进式网上校本研训方式。不仅让上课老师深入剖析自己的教学行为，更为我们校本教研提供了一种新的途径和手段，教师获得最大限度的"研修"与"专业发展"的共赢。

### （四）你追我赶的成长

① 教师论坛——"学习、辩论"的空间

给教师们营造良好的学习和学术氛围，为教师们提供畅所欲言的空间，在校园网站上开通"教师论坛"，教师围绕研究主题进行讨论、交流，通过与其他人的"对话"和研讨，对主题知识进行吸收和再造，让主题知识流动起来。

② 网上评课——切磋"教艺"的桥梁

将授课教师的教案挂在网上，并提出评课要求：浏览执教者教案，把对本节课的分析、评价上传。待老师们充分发表意见后，归纳总结该课的教学得失，方便研讨者继续思考，真正起到教学研讨的作用。网上评课，互动发展，已经成为我校校本教研中一道亮丽的风景。

③ 论文、课例专区——自我展示的舞台

校园网上为教师们开设了"论文、案例、课例"专区，教师们可上传优秀的论文、案例、随笔、课例等,既展示了自己的研究成果,也给同事们提供了学习、共享的资源。

网络研修平台为青年教师拓展了"自我反思、自我研修、总结提升"的空间,为青年教师搭建了成长展示的平台,让青年教师在专业引领、同伴互助互动中共同学习、共同交流,共同展示、共同成长。

## 第三节　春风秋雨，润物无声

一位名师，能够带活一批教师，激活一个学科，带动一所学校。青年教师的成长，离不开名师的引领与呵护。为充分发挥名优教师特长，给予其施展才能的平台，全力打造特色教师，并通过这些名优教师带动一个团队，形成特色鲜明的团队。学校成立了由区级骨干教师、小学低段语文教学的特色教师郭燕红领衔的"小燕工作室"，主要对象是一、二年级从事语文教学的青年教师，先后又吸纳紧密型办学资源联盟体青年教师、低年级语文见习教师加入。以学习名优教师优秀的教育思想和成功经验、形成教学风格和特长，由"上轨型教师"向"成熟型教师"转变为目标，通过教学观摩、课堂实践、教学诊断、教学研讨等，让青年教师能很快适应学校教学工作，在自身专业发展上进一步提高。

## 一、启蒙养性——教育品性的奠定

"江山易改，本性难移"，人生最难化者唯习性。良好的习性一旦养成，则终身受益。如何在一张纯净的白纸上，绘出最优美的底案，建构其一生端正屹立的磐基，是天下父母们共同关心的重要课题。

刚刚踏入工作岗位的新教师，就像初生的婴儿，他们对"教育"这方天地，充满好奇而又手足无措。如何让这些青年教师更快地适应新的工作，尽早进入角色。小燕工作室成立伊始，我们便制定了每个人的自主发展规划，认真分析了专业发展的优势与不足，并制定了自主发展的目标来开展系列活动。

对新教师的第一个讲座就是《如何听课、评课》，作为一名学生的"听课"与作为一名教师的"听课"是完全不同的，但是刚从学生转变成老师的新教师，尤其是非师范类毕业的新教师更是不知该听些什么，怎么听。作为带教老师，首先要做的就是教会他们怎样听课，听课听什么，如何提高听课的效率。一是观察执教老师是怎么教的，学习怎样创设教学情境，如何化解重难点，如何设计多种形式的练习加强知识的应用与迁移等。二是关注学生的"学"，观察学生在学习活动中的情绪反应，了解学生的读书习惯、书写习惯等。三是跨年级、跨学科地听。跨年级听能明晰各年级的教学重难点有何不同之处，初步了解各个年级之间的关系；跨学科地听是因为学科之间的某些方法是共通的，可以给自己的教学带来一些启示。

工作室通过多种课例的探讨、学习，加强对课堂教学的探索。我们走近名师，学习他们精湛的教学艺术；我们远赴南京、广州，聆听全国小学语文优秀教师精彩的课堂教学；我们研读文本，努力做教材使用的创造者；我们实践课堂教学，让自己的课堂教学充满生命的活力。为了加强新教师听课、反思课堂的能力，每次活动前，郭燕红老师总是提早两天告诉成员上课的内容，鼓励学员先自己研读教材。在听课之前把教学思路先和大家一起探讨，等听好课后，再和她一起将两个人的教案、设想与内容相比较，一起探讨听课过程中的疑惑点，不明白之处。慢慢地，学员的听课笔记越来越规范了，越来越详实了，也积累了上课的实际操作参考资料。


## 二、童蒙养正——名师智慧的陶冶

古圣先贤们高瞻远瞩，不约而同地选择经典著作，让孩子时常耳濡目染于圣贤的智慧思想之中，以潜移默化其气质。

同样地，名师工作室应积极为教师的科研实践活动和活动后的反思环节提供机会。教师的科研活动对教师的成长固然重要，但是反思环节更是因为名师的指导，反映其智慧。因为只有通过反思，最好是集体的反思，才能比较全面地看清楚所开展活动中存在的问题和不足，然后大家一起进行商榷，商量解决问题的好办法，也才能促进大家一起取长补短、积累经验，不断成熟，促进提升和发展。

为了更好地发挥南桥小学"小燕工作室"的示范引领作用，我们把目标定位为"区域联盟、深度研究、资源辐射、分享智慧"。在区内资源联盟体的展示中,奉城一小的范晓叶,奉城二小的张萍、黄淑琴,南桥小学的蒋舒静等都先后上了区级的语文公开课。在展示活动之前,工作室成员和教师们做了非常充分的准备工作,她们一起认真解读文本,准确把握教材,明确教学目标,精心设计每个教学环节,积极参与试教、研讨。

清晰地记得奉城一小范晓叶老师在见习期内上资源联盟体的一节区级展示课。为了上好二年级《立夏节到了》这一课,郭老师先和她熟悉课程标准,通观整册教材及整个单元,明确课文在教材中的地位及前后联系。接着,和她们一起细读文本,分析教学的重难点,确定从知识与技能到道德、情感、价值观的三维目标。范晓叶老师年轻、进取,第二天就拿出了初稿,虽然稚嫩,但是到处闪现着智慧的光芒,有自己的想法。只是,对于教材的处理还有一些欠缺,郭老师就和她一起研究,开拓思路,在共同切磋、互相学习中碰撞出新的火花。在这个过程中,郭老师在她教学设计的基础上提出一些教学修改建议,不仅让她们明确怎样做,而且明确为什么这样做。

展示前的一次次磨课中,郭老师发现晓叶老师课堂上使用的指令性语言不清晰,于是陪她一句句地训练和纠正,晓叶老师从初上讲台的紧张与应对课堂生成时的不知所措,慢慢地她能用甜美的笑容、亲切的语言拉近她与学生的距离;从生涩的、机械性的课堂评价到对学生发自内心的,带有鼓励的中肯的语言,营造了温馨、和谐的教室。

终于在上课那天,她比较老练的教态和灵活的课堂调控受到了教研员和听课老师的好评。她兴奋地对郭老师说:"师傅,今天上课时间正好,你叮嘱的几点我都注意到了,小朋友们也很配合!"


## 三、少年养志——教育理想的鼓舞

子曰:"吾十有五而志于学。"名师的作用,引领教师"有为者亦若是"的豪情壮志。这股积极力量,不仅点燃了教师立志的热忱,也确立坚定的信心。

名师工作室积极创造条件,让全体教师都能有课堂展示的机会。如在名师办公室的牵头下,开展全体教师挂牌课行动(自主申报);名师示范课行动;骨干教师领域展示课行动;青年教师打磨课行动等等。除了课堂教学展示行动外,教师的科研成果、教学成果也可以进行展示。教师的优秀教学论文,课题研究成果,教学体会反思等都可以通过名师工作室的平台进行展示、分享和交流,以促进教师的共同成长。

成立"小燕工作室"的主要目标是为了让青年教师间合作互动,发挥优秀教师的专业引领作用,使其成为培养优秀教师的重要发源地、优秀青年教师的集聚地。为了更好地发挥工作室的示范辐射作用,我们先后和区教研室联合开展了几次区级公开课的展示活动,工作室的好几位老师都先后上了区级公开课。活动中,我们小燕子工作室的青年教师良好的自身修养、得体的教态和对课堂生成的智慧处理均受到了教研员和老师们的好评,也带动了区域内更多的语文教师共同成长。

在这个温馨的工作团队里,无论是区级骨干教师,区研修班成员,还是刚刚踏上工作一两年的新教师,我们都履行着贡献与分享的权利和义务。这是一个展示自我,锻炼能力的舞台,这也是一个互相学习,共同提高的平台,这更是一个拥有众多资源的宝库。相信只要我们"小燕工作室"的老师一起努力,一定会收获更多的惊喜!

## 四、成人养德——教育生命的开展

成年养德,尽此一生无限向上。人们常说,"教"是为了"不教"。今天的教师参加名师工作室的培养,是为了明天能培养更年轻的教师,教育生命,由此展开。名师在名师工作室中做好自身的科学研究,提升科研水平十分重要,名师的主要任务就是培养青年教师,让他们在明天也能成为名师。教师的成长过程不断从"被培养者"到"培养者"中转型,一环接一环,让教师在名师工作室的摇篮中,通过不断的身份转型,促进更多的教师专业发展。

学校通过"小燕工作室"这一有效的组织形式,进一步研究教学规律与教师成长规律,让研究与反思成为教师工作的常态,在开展管理有效性的策略研究进程中起到基本的精神和价值导引作用。工作室为学校输送了一批青年教师,先后成功开展好几次工作室教学研讨展示活动。

郭老师对课堂教学的真谛有了深层次的思考:超越文本,做教材使用的创造者;超越课堂,让课堂教学充满生命的活力;超越自我,做课程改革的引领者。这也成为工作室每个成员的奋斗目标。为了更好地发挥作为骨干教师的引领和辐射作用,为了带动身边的年轻教师取得更快的进步,郭老师的教室门每天都为她们打开着,她们可以不打招呼随时来听随堂课,这些随堂课都得展示自己的教学风采与特色,这些随堂课也是他们观摩、学习、提高的一个平台,能让他们从具体的课堂教学中去领悟和体会新课程理念和实践操作。

工作室在分享中收获快乐。"你有一个苹果,我有一个苹果,互相交换,各自得到一个苹果;你有一种思想,我有一种思想,互相交换,各自得到两种思想"。因此,在工作室的活动中,年轻的她们学会了合作,她们学会了分享,分享着教研活动中激烈的观念碰撞,大家经常会为某一句话的理解争得面红耳赤、互不相让。她们体验着经过集体备课、上课、听课、磨课、评课中得到的成就感。她们增设"课改沙龙"版块,邀请教研员和其他教师一起就有关内容进行讨论,智慧的火花往往是在交流和辩论中擦出的。在分享中,老师们很快成熟了,她们对文本的理解更深入了,对教学策略的选择更科学了,自己的教学能力也自然而然地获得了提升。

# 后记

文化的重建，是当今教育界关注度很高的话题。人格精神的培育和文化品位的提升，需要从时代的高度加以审视。一所学校如果没有学校文化的积淀、凝炼和提升，就难以实现学校在高层次办学轨道上的可持续发展。基于这样的思考，我们上海市奉贤区南桥小学以极大的热情对自身学校的文化在理论与实践的结合上进行了一场轰轰烈烈的大探索。

经历了一年多的实践，小树吐绿了，小树苗壮成长了，《每一个孩子都是一棵树》一书出版了！该书的出版是学术著作的完成，更是学校全体师生和家长一朝朝、一暮暮实践的积累。

书稿写作中期，几易其稿，争论、反复甚至有些纠结，那种自我否定无时不在考验着大家的耐力和定力，当今天回头看时，方悟出王国维先生提出的学术研究的"三重"境界。十几万字的写作，这种完全不同于文学创作，它需要创新思维、专业思考和理论功力，对平时习惯于课堂教学语言的教师们尤其是一种考验。但是，我们欣喜地看到了书的问世，我们赞美劳动的光荣。

《每一个孩子都是一棵树》是我校教师集体智慧的结晶。全书由孙骊主编，撰稿人与各章主要内容如下：第一章撰稿人为褚红辉、刘志香老师，从挖掘学校历史出发，以传统文化植根，提炼百年办学思想；第二章撰稿人为黄伟滨、陈昕子、张丽娟等老师，从以人为本的角度理性分析了科学的儿童观是怎么样的；第三章撰稿人为郭燕、陈佳、卫琼、岑朝颖、曹蓓、唐怡欣等老师，在继承百年文化的基础上，提出了培养"敬贤、慎行、勤学"之南小人的思想；第四章撰稿人为卫育怡、王晶雯、王香红等老师；第五章撰稿人为郭燕红、朱群英、王晓岚、周爱玲、钱慧莉等老师和第六章撰稿人为蔡建梅、瞿婷婷老师，分别从课程体系建设、课堂教学实施、教师团队培养等不同角度加以阐述如何让每一个孩子都成为一棵树,学校的许多老师、家长和学生撰写了其中的部分案例,提供了很多有价值的原始资料与心得体会。

　　本书是在上海市教育科学研究院杨四耕老师指导下完成的,他的专业精神令人钦佩! 在此,对他的悉心指导致以诚挚的谢意!

　　理论是灰色的,实践之树常青。尽管书面成果已经问世,但学校文化建设的探索和研究还只是一个刚刚开始的起点。由于时间仓促,且编者水平有限,书中难免有不当之处,诚恳地期待读者批评指正,并在今后的修订中进一步完善。

上海市奉贤区南桥小学校长　孙骊

2017 年 7 月